LUZ EN LA TORMENTA

Carlos Cuauhtémoc Sánchez

LUZ EN LA

TORMENTA

12 principios para
ganar en la crisis

LA EDITORIAL DE LOS VALORES

ISBN 978-607-7627-05-0

Derechos reservados: D.R. © Carlos Cuauhtémoc Sánchez. México, 2009.

D.R. © Ediciones Selectas Diamante, S.A. de C.V. México, 2009.

Mariano Escobedo No. 62, Col. Centro, Tlalnepantla Estado de México, C.P. 54000, Ciudad de México. Miembro núm. 2778 de la Cámara Nacional de la Industria Editorial Mexicana.Tels. y fax: (0155) 55-65-61-20 y 55-65-03-33

Lada sin costo desde el interior de la República Mexicana: 01-800-888-9300

EU a México: (011-5255) 55-65-61-20 y 55-65-03-33

Resto del mundo: (0052-55) 55-65-61-20 y 55-65-03-33

info1@editorialdiamante.com   ventas@editorialdiamante.com

Diseño gráfico: L.D.G. Leticia Domínguez C. y L.D.G. Miguel Morett Soto

Guía de estudio ilustrada por Alejandro Reyes Gómez

www.editorialdiamante.com   www.carloscuauhtemoc.com

IMPRESO EN MÉXICO / PRINTED IN MEXICO

Versiones de la Biblia usadas:

1. Dios habla hoy (DHH)

2. Nacar Colunga (NC)

3. Biblia Latinoamericana (BL)

4. Jerusalem (JER)

5. Reina Valera (RV)

6. Nueva Versión Internacional (NVI)

7. La Biblia de Las Américas (LBLA).

La convocatoria para escritores que deseen publicar un libro en la colección Sabiduría bíblica no religiosa, aún se encuentra abierta. Mayor información en **www.principiosbiblicos.com**

ÍNDICE

INTRODUCCIÓN.. 7

PRIMERA PARTE - Principios de humildad....................... 17

    PRINCIPIO 1 - Creer 19

    PRINCIPIO 2 - Buscar dirección 29

    PRINCIPIO 3 - Doblegar nuestro orgullo 41

    PRINCIPIO 4 - Aceptar la realidad 49

SEGUNDA PARTE - Principios de trabajo 61

    PRINCIPIO 5 - Trabajar con pasión.......................... 63

    PRINCIPIO 6 - Aprovechar el ciclo productivo............ 73

    PRINCIPIO 7 - Ser persistentes................................ 83

    PRINCIPIO 8 - Expandirnos 91

TERCERA PARTE - Principios de generosidad 101

    PRINCIPIO 9 - Producir fruto 103

    PRINCIPIO 10 - Brindar beneficio a otros 113

    PRINCIPIO 11 - Reinventarnos para servir................ 123

    PRINCIPIO 12 - Pedir el visto bueno de papá 133

CUARTA PARTE 147

    GUÍA DE ESTUDIO 149

INTRODUCCIÓN

1

Vivimos una época compleja. La tormenta es continua. No para de llover y caminamos en medio de la bruma.

Confundidos, y con la vista obstruida por la sombras, revisamos el bolsillo sólo para recordar lo que ya sabíamos. No tenemos suficiente dinero. Eso nos lleva a discutir con personas a las que amamos. El disgusto agrava nuestras dolencias físicas. Nos sentimos enfermos. Desanimados. Agobiados. Mientras tanto, la lluvia sigue y la inundación sube de nivel.

Debemos salir de este aprieto. No hay opción. Algunos lo han logrado. ¿Pero de dónde sacaron fuerza y creatividad?

Hay varias fuentes ideológicas al alcance.

Tal vez alguna nos dé luz.

¿Revisamos las noticias? Política sucia, narcotráfico, guerras, terrorismo, epidemias, desastres, asesinatos, secuestros, corrupción, mítines, accidentes, quiebras de empresas, inflación, recesión económica.

Información lapidaria; nunca constructiva.

¿Y si, mejor, optamos por ver un programa de espectáculos? Eso siempre distrae. Pero, oh sorpresa... Hallamos la peor basura. Seudoperiodistas insidiosos buscan morbosidad, inventan chismes, meten el dedo en la llaga del que está lastimado y construyen, con pedazos inconexos, miserables historias de gente famosa: mentiras, amantes, peleas, divorcios, litigios, drogas, promiscuidad, excentricidades.

Mejor leamos el periódico. Da igual. A veces peor. Las fotografías son sangrientas. Los titulares alarmistas... ¿Estaremos enfocando mal? Vayamos a una sección más seria. La de analistas... Entonces leemos...*Este año será de recesión económica. El cierre de empresas, la pérdida de empleos y la lenta generación de nuevos puestos de trabajo en el sector formal, la desaceleración del gasto en los hogares, una actividad industrial en declive y la debilidad de la economía estadounidense son las causas detrás del negativo escenario previsto para los siguientes meses.*

¿Y si convivimos con amigos? Vamos a una reunión. Departimos. Al poco tiempo alguien comienza a quejarse de lo mal que le va. No queremos más fatalismo. Buscamos algo que nos ayude a resistir y crecer en la tormenta.

¿Nos inscribimos en clases de filosofía o psicología? Siempre es bueno escuchar a intelectuales, pero pronto detectamos que el maestro mismo vive una crisis familiar, personal o financiera peor que la nuestra.

¿Entonces? ¿Buscamos algún motivador? *¡Tú puedes! ¡Eres grande! ¡Tienes el poder! ¡Eres mágico! ¡Maravilloso! ¡Superior! ¡Excelente!* Peroratas superficiales. Cero sustancia para salir de la crisis real.

¿Y si leemos un libro? Vaya. *¿Fórmula mágica del éxito? ¿Treinta pasos para triunfar? ¿Recetas para una vida perfecta?* ¡Cuantas frases gastadas y propuestas iguales a las de siempre! Con la sobreabundancia de información en la

Red, y ayudado por la computadora, hasta un analfabeta, sabe copiar, pegar y maquillar lo que plagió.

Así volvemos la vista a lo fundamental.

Increíble. Nos damos cuenta cómo la gente con mentalidad joven ha descubierto, después de oír tantas opiniones "piratas / subjetivas", que las ideas más confiables se encuentran en los principios básicos. Esos que nos recuerdan una y otra vez lo que nadie nos dice: *No debemos tener miedo*.

¿Revisamos la Biblia? Una fusión de libros que narra la historia del pueblo hebreo y la llegada del Mesías. Escrita hace miles de años. Atacada, mal entendida por muchos e interpretada de diversas maneras. Es tan polémica que casi optamos por descartarla, pero insistimos en revisarla de forma NO RELIGIOSA, y entonces descubrimos un oasis de sabiduría. Múltiples recomendaciones respecto a cómo superar problemas personales, familiares y financieros, además de una filosofía para interpretar los acontecimientos diarios, y sacar provecho de cualquier adversidad. A la luz de la Biblia, lo que tanto nos preocupa pierde importancia; el dolor adquiere sentido, se vuelve pasajero, toma connotaciones trascendentes, se muestra permitido y controlado por un Ser Superior. La columna ideológica de la Biblia es tan fascinante que nos damos a la tarea de analizarla y encontramos leyes de vida. Principios inmutables.

¿Qué son los principios?

La Real Academia define así la palabra PRINCIPIO: *Base, origen, razón* fundamental *sobre la cual se procede discurriendo en cualquier materia. Proposiciones o verdades* fundamentales *por donde se empiezan a estudiar las ciencias o las artes.*

Los principios nos sostienen. Son nuestros *fundamentos*, brindan seguridad y equilibrio.

Un principio es una ley natural, imperecedera.

La ley de gravedad es un principio. Si dejamos caer una piedra, irá hacia abajo a 9.81 m/s^2, aquí o en China. Esto funcionaba igual hace cinco mil años y seguirá funcionando así dentro de otros cinco mil. Las leyes de Newton; de termodinámica, electromagnetismo, genética celular, reacciones químicas. Todas son principios.

La conducta humana, también obedece principios.

Un ejemplo. El principio de la honradez dice:

**No se puede confiar en alguien
que ha sido deshonesto en pequeños asuntos,
pues también será deshonesto en asuntos importantes.**

Y esto, ¿quién lo asegura? ¿Psicólogos?, ¿sociólogos?, ¿filósofos?

Aunque haya distintas versiones, descubriremos que muchos principios generalmente aceptados están escritos en la Biblia. ¿No lo cree? Observe estos versículos:

LUC 16,10 **El que se porta honradamente en lo poco, también se porta honradamente en lo mucho; y el que no tiene honradez en lo poco, tampoco la tiene en lo mucho. [11] De manera que, si con las falsas riquezas de este mundo ustedes no se portan honradamente, ¿quién les confiará las verdaderas riquezas? [12] y**

si no se portan honradamente con lo ajeno, ¿quién les dará lo que les pertenece? (DHH)

Asombroso. ¿No le parece?

Todo estudioso de la conducta humana se fascinará al conocer la extraordinaria veta de sabiduría que hay en la Biblia para deducir principios.

Los principios no se pueden cuestionar.

Recuerdo la historia de alguien que lo hizo.

Roberto.

Tenía cinco años de edad.

Era admirador del hombre araña. Había visto sus películas decenas de veces. Casi sabía los diálogos de memoria. Coleccionaba arañas y las guardaba en una caja de zapatos debajo de su cama para recibir "ondas arácnidas". Su madre solía regañarlo y tiraba las arañas al escusado.

Estaban de vacaciones cuando sucedió el accidente. Por el ventanal del hotel se veía la ciudad iluminada, con edificios rectos. Los padres de Roberto se hallaban distraídos cuando el niño salió al balcón. Probó, como muchas otras veces, apretando con los dedos la parte baja de su palma para tratar de expulsar chorros de telaraña. Nada. Pero esa noche había encontrado una hermosa araña que le transmitió sus poderes. Podía sentirlo. Así que subió a una silla y se trepó al barandal del balcón. Estaban en el trigésimo piso. No miró para abajo. Creía que los súper héroes vuelan, se descuelgan por edificios, gatean sobre muros, pero ignoraba que las leyes físicas no se pueden alterar. Quien las desafía se muere…

Rabindranaht Tagore en *Sadhana*, relata:

Navegaba por un río y el mástil de mi barco chocó con un puente. Se rompió. Estuve a punto de hundirme. Me fue imposible continuar el viaje.

Lleno de furia reclamé: ¿Por qué el mástil no se inclinó? O el puente no se arqueó, o el cauce del río no decreció.

Vi pasar junto a mí muchas embarcaciones. Después de lamentarme comprendí: El nivel de agua me ayuda navegar; la dureza del puente me permite cruzarlo a pie, y la verticalidad del mástil me deja usar el viento para avanzar.

Cada elemento trabaja a mi servicio y no puedo ir en contra de lo que está en su sitio…

La deducción de principios nos ayuda a tener vidas más provechosas y a evitar sufrimientos, como el de Roberto.

La noche en que trepó por el barandal del hotel, un viento helado lo paralizó. Miró hacia abajo y permaneció mudo durante varios segundos. Los súper héroes no sienten miedo. Cerró los ojos y trató de convencerse de que tenía poderes suficientes para caminar por el muro.

Entonces sintió el piquete en la pierna y gritó. Sus papás escucharon el alarido. Salieron corriendo de la habitación; lo detuvieron con la mitad del cuerpo colgando hacia el vacío. El accidente lo llevó al hospital. Fue grave pero no fatal. No como lo hubiera sido si hubiera terminado de desafiar la ley de gravedad. Pero Roberto desafió otra. Ignoraba que las *viudas negras* son arañas muy venenosas que atacan cuando se sienten aprisionadas… Sobre todo si las llevas en la bolsa de tu pantalón.

2
(INTRODUCCIÓN)

Algunas preguntas extra sobre la colección *Sabiduría bíblica no religiosa*.

¿Los principios bíblicos pueden ser *no* religiosos?

Por supuesto. Las religiones comprenden *códigos establecidos por diferentes grupos humanos*, pero los principios bíblicos son de aplicación general.

¿Puede decirse que este libro es ecuménico?

La respuesta es, *no*. El ecumenismo pretende unificar todas las religiones y con frecuencia los participantes renuncian a cualquier práctica o interpretación doctrinal que causa divisiones. Esta teología unificadora muchas veces se vuelve *relativismo*[1] o *panteísmo*[2]. El texto que tiene en sus manos no pretende que alguien *renuncie* a su religión de origen. Aquí se hablará de principios que pueden ser aplicados por personas de cualquier credo, *siempre que* acepten la Biblia como autoridad filosófica.

¿Cuántos principios hay?

Miles. Para exponerlos, la casa editorial que publica este libro tiene otros en proceso a través de un comité multidisciplinario conformado por expertos en diversas áreas (filosofía, exégesis, hermenéutica, teología, dialéctica y liderazgo), de distintas creencias (sacerdotes, pastores,

---

1 El Relativismo es una doctrina según la cual todos los conocimientos son válidos, sin llegar nunca a conceptos de verdad absolutos.
2 El Panteísmo es el sistema de los que creen que todo es Dios y Dios es todo.

diáconos, etc.), quienes supervisarán y garantizarán el cumplimiento de *las reglas* en estos trabajos.

¿Cuáles son las reglas?

Aunque existe un enorme código establecido para los autores, estos son los principales lineamientos:

1. No se hará referencia a ninguna religión ni para elogiarla ni para criticarla.

2. Las explicaciones que se den sobre los principios estarán exentas de palabras usadas en ámbitos religiosos. Estos términos, sin embargo, sí pueden aparecer expresados abiertamente dentro de los versículos de la Biblia que se mencionen de manera textual.

3. Se evitará por completo tocar temas doctrinales.

4. Se usarán diversas traducciones de la Biblia[3], pero la cita se dará exacta, sin ser parafraseada o alterada.

5. Se usará un método de interpretación objetivo, apegado estrictamente a las normas de hermenéutica, en el que se tome en cuenta el mensaje conceptual general, el contexto histórico, de los versículos (en qué época y para quién fueron escritos), y muchas otras reglas de sana interpretación establecidas por expertos y observadas por el comité.

6. Los principios se apoyarán en parábolas modernas o ejemplos de la vida real, y por ningún motivo alentarán o confrontarán la religión del lector.

7. Se hablará abiertamente de Dios.

---

3 Dios habla hoy (DHH), Nacar Colunga (NC), Biblia Latinoamericana (BL), Jerusalem (JER) Reina Valera (RV), Nueva Versión Internacional (NVI), La Biblia de Las Américas (LBLA).

¿Por qué se va a hablar de Dios?

La Biblia contiene un mensaje muy claro respecto al razonamiento humano. Representa en sí una escuela de pensamiento. Se llama *filosofía bíblica*. En ella hay un actor principal: Dios mismo.

Hablar de Dios **no** significa necesariamente abordar temas religiosos. Significa conocer al protagonista central del libro que estamos estudiando. Querer borrar del mapa a este protagonista al leer las Escrituras, sería como si, al hacer el resumen de un libro titulado *La biografía de Mahatma Gandhi*, se nos prohibiera hablar de Gandhi.

En este proyecto **hablaremos abiertamente del Dios de la Biblia**[4]. De su carácter, su amor por nosotros, su naturaleza, sus ordenanzas, sus propósitos y su influencia, pero como el lenguaje será laico, nos referiremos a él como el *Ser Supremo*, el *Poder Superior*, el *Padre Celestial*, el *Creador*, *La Inteligencia Infinita*, *La Fuente de Sabiduría*, o *Dios*.

¿Estos temas son controversiales?

A veces. Sin embargo, aunque no exista acuerdo en doctrinas que tienen siglos discutiéndose, todos los estudiosos serios de la Biblia pueden coincidir en la vida restaurada, mejorada y fortalecida para bien de millones de personas que han conocido su mensaje central y lo viven a diario.

Todos los principios bíblicos sobre la crisis podrían clasificarse en tres grupos: De HUMILDAD de TRABAJO y de GENEROSIDAD. Por tal motivo, el presente libro contiene tres partes.

---

4 A quien la Biblia llama Adonai, El, Elohim, Shaddai, Emmanuel, Jah, Yhvh, Yahweh, el Señor, el Todopoderoso, El Alfa y el Omega, etc.

Estamos a punto de comenzar una aventura fascinante. Exploraremos terrenos extraordinarios. Sólo asegúrese de ir con entusiasmo. Valdrá la pena. No lo retrasemos más.

PRIMERA PARTE

Principios de humildad

En la Biblia no existe el concepto de *crisis* porque, de inicio a fin, se habla de un Poder Superior Infinito que nos da dirección, fortaleza y sabiduría para resolver cualquier problema.

Este grupo de principios nos muestra cómo acceder a ese Poder:

1. Creyendo.
2. Buscando dirección.
3. Liberándonos del ego enfermizo.
4. Aceptando la realidad.

PRINCIPIO 1
Creer

Tener miedo es contrario a creer.
Creer nos da paz, fortaleza y seguridad de que
cuanto deseamos es verdad.

---

*E*sa tarde, Ruth, asistente de Relaciones Públicas recibió en su pequeño privado a la madre de un niño muy enfermo.

—¿En qué puedo servirle?

—Ruth —dijo la mujer, después de leer el gafete de la empleada—, vengo a pedirte un favor. Permite que nuestro hijo permanezca aquí. Hoy nos dijeron que debíamos llevárnoslo. No hemos encontrado un donador. Mi esposo está viajando, investigando, visitando centros de salud especializados. Hemos gastado todo lo que tenemos. Yo no me despego de la cama de Tony y pido por él día y noche.

Ruth analizó el expediente. Su labor consistía en tratar con los familiares de pacientes y, en su caso, rechazar a aquellos cuyos requerimientos excedían las posibilidades del hospital.

—Lo siento, señora —contestó—. Pero su niño…

—Llámame Iris —dijo la mujer con una plácida sonrisa—. Y háblame de tú. Las dos somos jóvenes. Madres jóvenes. Porque también tienes hijos ¿Verdad?

—Sí, Iris. Tengo dos. Como te decía. Tu pequeño está en etapa terminal. Es mejor que lo lleves a casa…

—¡No voy a hacer eso! —la voz de la madre tuvo una extraña inflexión enérgica y cordial a la vez—. Hallaremos un donador; mientras tanto, mi hijo estará clínicamente atendido.

—Iris, tu niño tiene un síndrome fatal. Necesita transplante pancreático de tipo sanguíneo muy escaso y ahora presenta un cuadro agudo de cardiopatías. Está desahu… —tapó su boca—, lo siento.

—Entiendo tu posición, pero entiende la mía. Si los médicos se dieron por vencidos, mi esposo y yo no lo haremos. Vamos a *creer* y a proceder conforme a lo que creemos que es verdad.

—Cla… claro…

—¿Puedo hablar con tu jefe?

—Él no te ayudará —Ruth bajó la voz y miró hacia los lados—, mi jefe es un hombre insensible. Mejor habla con el dueño del hospital. José Chérez.

—¿Por qué me haces más difíciles las cosas? Tú podrías auxiliarme, *si quisieras*.

La última frase sonó con un eco implacable. Iris miró a Ruth a los ojos. Su expresión era cordial, pero profunda, decidida, exigente. La asistente de Relaciones Públicas carraspeó.

—Está bien. Dejaré a tu hijo aquí por un tiempo.

Iris le puso una mano cariñosa sobre el brazo y le dio las gracias.

Ruth sintió un estremecimiento.

¿Qué tenía esa mujer? Irradiaba paz y fortaleza.

No pudo borrarla de su mente durante el resto del día.

Esa tarde fue a buscarla a la habitación del niño.

Halló un cuadro conmovedor. Iris acariciaba la cabeza de su hijo, inconsciente, y le hablaba al oído. Ruth se atrevió a interrumpir.

—Hola. ¿Puedo pasar?

—Adelante.

—¿Cómo se encuentra Tony?

—No sé. Le estaba platicando cuánto lo amo y lo dichosa que me he sentido de ser su mamá durante estos diez años…

—¿Te estás despidiendo de él?

—Todos los días antes de dormir, me despido de mi esposo y de mi hijo. Les digo lo mismo. La vida es un don muy breve.

—Eres una mujer diferente. Estás pasando por una adversidad terrible y pareces tan tranquila.

Iris suspiró. Luego, dijo:

—¿Alguna vez leíste sobre la espina clavada que tenía el apóstol Pablo? Quizá se trataba de un dolor crónico o de una enfermedad incurable. La historia es interesante. Suplicó con todas sus fuerzas para que le fuera quitado el sufrimiento, pero Dios le contestó algo así como *te quedarás con tu espina, pero a cambio te daré mi fortaleza; mientras más débil aceptes que eres ante mí, más fuerte serás, gracias a mí.*

—No entiendo.

—Ruth. Yo no cuento con una fuerza propia en estos momentos. Es mi debilidad la que me hace fuerte.

—Ah. Ya veo. Te apoyas en la religión.

—No. Me apoyo en el Ser Supremo. Hacer eso me quita el temor.

—Pues yo soy un poco escéptica.

—Bueno. Siempre tendrás esas dos opciones: tener miedo o creer.

Lo dice este pasaje.

> MAR 5,35 Todavía estaba hablando Jesús, cuando llegaron unos de casa del jefe de la sinagoga a decirle al padre de la niña: —Tu hija ha muerto. ¿Para qué molestar más al Maestro? 36 Pero Jesús, sin hacer caso de ellos, le dijo al jefe de la sinagoga: —No tengas miedo; cree solamente. (DHH)

Con la última frase descubrimos que **tener miedo es contrario a creer**.

También vea éste:

> MAT 8,24 Se levantó una tormenta muy violenta en el lago, con olas que cubrían la barca, pero él dormía. 25 Los discípulos se acercaron y lo despertaron diciendo: "¡Señor, sálvanos, que estamos perdidos!" 26 Pero él les dijo: "¡Qué miedosos son ustedes! ¡Qué poca fe tienen!" Entonces se levantó, dio una orden al viento y al mar, y todo volvió a la más completa calma. (BL)

Detectamos palabras de enojo y reproche *¡qué miedosos! ¡Qué poca fe tienen!* Y así vislumbramos el mensaje implícito. Nuestro barco puede pasar por fuertes tempestades, pero jamás se hundirá si el Poder Superior va en él.

No temas, cree solamente.

Algunos dicen: *¿Y cómo voy a creer en* alguien *que no puedo ver? Yo no tengo fe.*

Error. Todos tenemos.

Esta es la definición.

> HEB 11,1 Ahora bien, la fe es garantía de lo que esperamos, prueba de lo que no vemos; (N-C)

Creer es afirmar lo que no podemos ver ni comprobar. Y usted cree muchas cosas que no puede comprobar.

Hagamos un ejercicio para demostrarlo. Piense en un familiar que ame mucho y que no se encuentre con usted en este momento. Ahora le pregunto. ¿Está vivo?

¿Puede asegurarme que en los últimos minutos no sufrió un accidente y murió? "Imposible", dirá. ¿Imposible? ¡En realidad no lo sabe a ciencia cierta pues hace
algún tiempo que no lo ve! Sin embargo, cree que vive
porque espera que así sea. Da este hecho por cierto sin
cuestionarlo. Es un asunto de confianza. Así, usted cree
lo que no puede ver y da por cierto lo que espera con
todo el corazón.

> Sin el proceso de *imaginar* lo que deseamos y *creer*
> que es así, no podríamos vivir. Estaríamos escondidos
> en un sótano, aterrados por todo lo que no podemos
> comprobar.

Creemos muchas cosas a diario.

El problema es que no creemos en Dios. ¿Por qué?

La respuesta es simple.

> JN 10, 26 pero ustedes no creen porque no son
> ovejas mías. 27 Mis ovejas escuchan mi voz y
> yo las conozco. Ellas me siguen. (BL)

Un profesor de literatura le decía a sus alumnos: *La
Biblia es un libro muy antiguo escrito para personas de
otra época. No la espiritualicemos. Cuando yo leo, por
ejemplo, las cartas que aparecen en ella, sé que no son
para mí. Es como si leyera correspondencia ajena.*

Así piensa mucha gente.

¿Alguna vez ha descolgado el teléfono por error cuando dos personas conversan en la línea, o ha leído las

Los Angeles Public Library

Memorial Branch

6/3/2019   3:10:53 PM

1 Item Number: 37244193767446
Title: Luz en la tormenta : 12 principios para ga
Due Date: 6/24/2019

To Renew: www.lapl.org or 888-577-5275

--Please retain this slip as your receipt

cartas que le llegan a alguien más? Se siente como un intruso. ¿No es así? Pero, ¿cómo cambiaría su sentir, al momento en que alguien le dijera, *las cartas son para ti; eres bienvenido en la conversación; contigo queríamos charlar*?

Si llega a una fiesta en la que no fue invitado, sentirá incomodidad, pero si trae consigo una invitación de honor, se moverá a sus anchas. Todo es cuestión psicológica.

Ya está leyendo este libro, así que arriésguese. No podrá sacarle provecho a menos que *crea*. Alguien puso su nombre con letras doradas en el destinatario. Alguien le hizo una convocatoria *personal*. Todo está escrito para usted.

Por supuesto, que no basta con cerrar los ojos y pujar para creer. Tampoco nos servirá de mucho entonar cantos gregorianos colgados de cabeza a la luz de la luna. Para incrementar nuestro grado de confianza en el Ser Supremo no se necesita hacer un esfuerzo místico. Sólo hay que leer la Biblia con la actitud correcta.

> ROM 10,17 **Así que la fe es por el oír, y el oír, por la palabra de Dios.** (RV)

El verso es claro. Creemos porque leemos, oímos y estudiamos el Libro. Cualquier persona que se reúne con un grupo para este propósito de forma sistemática y, además, lee por su cuenta; poco a poco, sin esfuerzo, incrementa su confianza.

Creer nos quita el temor, pero hace más. Mucho más.

> HEB 11,6 En realidad, sin fe es imposible agradar a Dios, ya que cualquiera que se acerca a Dios tiene que creer que él existe y que recompensa a quienes lo buscan. (NVI)

¿Alguna vez ha querido agradarle a alguien? ¿Ha intentado ganarse el aprecio de una persona? ¿Qué ha hecho para lograrlo?

Bueno, pues para agradar a Dios, sólo le pide que *crea*.

Compruébelo leyendo de nuevo el versículo. Ahora deténgase en la última frase. ¿Dice que *recompensa a quienes lo buscan*? ¿De qué manera?

Ciertamente hay vastos ejemplos en los que a la gente que *cree* le va bien. Tienen lo que otros llamarían *buena suerte*, y que en la Biblia se menciona como *el favor de Dios*, o *una protección especial*. En Job 29, el protagonista hace remembranza a esa protección que le daba privilegios, luz en la oscuridad, un hogar maravilloso y el reconocimiento de jóvenes y ancianos. Millones de personas en el mundo que decidieron creer pueden testificar sobre hechos inexplicables que les han sucedido para su beneficio.

Todo eso es cierto, sin embargo, "la buena fortuna del creyente" no es un principio.

No a todos los que creen les va bien *siempre*.

La Biblia dice: *en el mundo tendrán aflicciones*.

> **JN 16, 33** Les digo todo esto para que encuentren paz en su unión conmigo. En el mundo, ustedes habrán de sufrir; pero tengan valor: yo he vencido al mundo (DHH)

¿Los conceptos se contradicen? ¿Cómo podemos sufrir y, a la vez, tener recompensa? ¿Cómo pueden converger en una sola vida dos circunstancias aparentemente opuestas? ¿Aflicciones y premios?

La primera frase del versículo anterior nos da la respuesta.

Les digo todo esto para que encuentren paz en su unión conmigo.

Existe otro pasaje que lo menciona de forma más contundente. Diferentes versiones acotan: "no se angustien por nada", "no se preocupen", "no se inquieten", "no se aflijan", "en vez de eso, CREAN, de todo corazón y entonces, sólo entonces, les sobrevendrá una paz interior que la gente a su alrededor no podrá comprender".

> **FIL 4, 6** No se inquieten por nada; más bien, en toda ocasión, con oración y ruego, presenten sus peticiones a Dios y denle gracias. 7 Y la paz de Dios, que sobrepasa todo entendimiento, cuidará sus corazones y sus pensamientos en Cristo Jesús. (NVI)

¿Estamos afanados, inquietos, preocupados?

¿Los problemas nos impacientan?

¿Nos desvelamos pensando en cómo salir de los atolladeros?

Entonces, vale la pena comprender:

Ante situaciones adversas una persona puede "preocuparse" o "creer". Lo primero le causará angustia, lo segundo, fortaleza y paz.

Repase el principio.

Tener miedo es contrario a creer.
Creer nos da paz, fortaleza y seguridad de que
cuanto deseamos es verdad.

Ruth negó con la cabeza.

—Esto es demasiado para mí.

—Pues baja la guardia —contestó Iris—. ¿Contra quién estás peleando? Imagina que mi esposo y yo, en este lugar, nos la pasáramos maldiciendo y protestando contra los médicos y contra Dios… Nos volveríamos locos…

—Como les ocurre a muchos…

En ese momento llegó el marido de Iris. Venía agitado, se veía optimista. Saludó a Ruth, como si la conociera. Besó a su esposa y caminó directo hasta su hijo inconsciente. Le tomó la mano y comenzó a susurrarle al oído cuánto lo amaba y cuán feliz se sentía al ser su padre.

Era cierto. Esa familia tenía algo que Ruth no podía comprender, así que suspiró y salió caminando despacio del lugar.

PRINCIPIO 2
Buscar dirección

Si queremos ganar la batalla en tiempos difíciles primero acudiremos a la Fuente de Máxima Sabiduría, y después trabajaremos arduamente.

Ruth solía levantarse a las cinco y media de la mañana. Apenas le daba tiempo de preparar la comida y dejar todo listo antes de subirse al auto para recorrer la ciudad entera. Su esposo sufrió una embolia por hipertensión. No tenía ingreso alguno. Ella lo mantenía. A él y a dos hijos adolescentes.

Esa mañana se sentía especialmente abrumada y confundida. Manejando el auto, llamó por teléfono al hospital y pidió que la comunicaran a la habitación del chico desahuciado. Contestó Iris.

—Hola. Habla Ruth. ¿Cómo está Tony?

—Mejor. Hoy estuvo consciente por varios minutos.

—Qué bien —no quiso darle falsas esperanzas.

—¿Y tú?

A Ruth le costó trabajo abrirse. Al fin lo hizo…

—Iris, te conocí ayer, pero me hiciste reflexionar. Perdona que te llame. Necesito un consejo. Estoy desesperada. Mi vida es un asco.

—¿Por qué dices eso?

—La semana pasada mi jefe me hizo una insinuación sexual a cambio del aumento de sueldo que pedí. Sebastián es un mujeriego, adicto al juego. Tiene cuarenta y tantos años y apenas se casó. Pero no respeta a su esposa. Sigue con los mismos hábitos de antes. Yo he sido testigo de sus correrías. Creí que a mí no me molestaría, pero ahora encontró la oportunidad.

—¿Ya hablaste de esto con el jefe de tu jefe?

—Mi departamento es una prestadora de servicios independiente. José Chérez no es jefe de mi jefe; si me quejo con José, Sebastián lo negará todo y me despedirá de inmediato. Lo sé. ¡Estoy en un hoyo! Necesito dinero y Sebastián puede dármelo.

—¡Pero a cambio de que seas su amante!

—Sí.

—¿Y qué piensas hacer?

—No sé. Prometí pensarlo. Si me rehúso, tal vez pierda el empleo. Si acepto, tendré lo que necesito y descansaré en los brazos de alguien más fuerte. ¡Hoy debo darle una respuesta!

—Tranquilízate, Ruth, y hazte un favor. No vengas a trabajar hoy.

—¿Cómo?

—¿Conoces el lago en medio del bosque rumbo a la montaña?

—Sí.

—Ve ahí. Sólo manejarás un par de horas.

—¿Para qué?

—¡Tómate el día! Siéntate en la orilla, respira el aire fresco, mira las cosas desde otra perspectiva y platica con tu Creador.

—¡Pero si falto al trabajo me descontarán dinero!

—¿Qué importa eso? Lo que hay en juego no se puede pagar con dinero. Una vez que te conviertas en amante de tu jefe ya no podrás recuperar tu dignidad.

—No sé... ¿Platicar con Dios? Ayer te dije que eso no va conmigo.

—Te equivocas Ruth. Tú me llamaste a mí porque sabes cómo pienso e intuías lo que te iba a decir. Te sientes sola y tienes mucho temor. Se nota en tu voz. ¡Necesitas algo más que el consejo de una persona! Busca la Fuente de Máxima Sabiduría. Sólo si haces eso tendrás claridad de juicio.

—¡Iris, sé realista! ¿Me estás diciendo que en vez de ir a trabajar, maneje dos horas hasta las montañas, me siente a contemplar un lago en medio del bosque y le pregunte a Dios lo que debo hacer?

—Exactamente.

—¿Y *él* me hablará? Perdón que me ría.

—Te hablará *a través de tu conciencia*. Sólo necesitas apartarte de todo. Si prefieres ir a otro lugar diferente al que te sugiero, está bien. Pero *hazlo*. Ocurrirá un cambio en tu interior y sabrás qué decidir.

—No, Iris. Creo que la Biblia dice: *ayúdate que yo te ayudaré*. ¡Es lo que estoy haciendo! No tengo tiempo de rezar. ¡Cuento con manos y cerebro para moverme! Perdón, tengo que colgar. Ya llegué a la oficina.

Apenas entró a la policlínica, se topó de frente con Sebastián. Él le guiñó el ojo y le preguntó si se iban a ver por la tarde. Ella dijo que sí. Luego fue a su cubículo repitiéndose: *si tú no te ayudas, nadie lo hará.*

Ruth se equivocó.

Nos ocurre a muchos.

Corrientes banales de motivación nos han metido a la cabeza frases como "tú puedes" "eres triunfador, poderoso, grande", y al creerlas *sin profundizar*, nos volvemos arrogantes. Entonces tomamos muchas decisiones malas, considerándonos sabios y autosuficientes.

Cuando llegamos a pedir ayuda, acudimos a personas igualmente limitadas y arrogantes. Difícilmente reconocemos la necesidad de un Poder Superior. Sin embargo, la Biblia es muy clara respecto al porqué nos estamos *secando*.

JN 15, 5 Yo soy la vid y ustedes las ramas. El que permanece en mí y yo en él, ése da mucho

> fruto, pero sin mí no pueden hacer nada. ⁶Al que no permanece en mí lo tiran y se seca; como a las ramas, que las amontonan, se echan al fuego y se queman. (BL)

¡Somos como ramas separadas del tronco!

Piense en su vida como en la de una rama llena de flores o frutos. Ahora imagine que esa rama es cortada y separada del tronco. ¿Cuánto tiempo cree que permanecerá viva?

Usted y yo hemos sido contaminados por el mal ejemplo de personas religiosas. Quizá conoció a un líder espiritual incoherente, tramposo o hasta doloso. Los hay. Entonces decidió separarse de Dios. Pero cometió un gran error, porque debió separarse sólo de la persona tramposa, pero nunca del tronco que le da vida y savia a usted.

El concepto es sostenible aún desde el punto de vista científico: Psicoanalíticamente se ha comprobado que quienes hacen oración a diario tienen un mayor desarrollo en su inteligencia moral[1].

Si queremos progresar, necesitamos regresar a la *Fuente*, y permanecer en ella.

Parafraseando. La Inteligencia Infinita dice: *Yo soy el tronco y tú eres una de mis ramas. Si estás lejos de mí, a la larga, te secarás.*

Para evitar secarnos, necesitamos *creer* (primer principio), luego, buscar *su sabiduría en nuestra conciencia.*

---

1 W.R Parker, E. ST. Johns. *La oración en la psicoterapia.* Editorial Pax. México.

Eso nos dará una perspectiva exenta de envidias y ambición. Veamos:

> SAN 3,16 Y donde hay envidia y ambición habrá también inestabilidad y muchas cosas malas. 17 En cambio la sabiduría que viene de arriba es, ante todo, recta y pacífica, capaz de comprender a los demás y de aceptarlos; está llena de indulgencia y produce buenas obras, 18 no es parcial ni hipócrita. Los que trabajan por la paz siembran en la paz y cosechan frutos en todo lo bueno. (BL)

Repasemos: La sabiduría que viene de arriba es recta, pacífica, comprensiva, inspiradora de buenas decisiones…

En este caso, el pasaje no habla de sabiduría *humana*, porque las personas fallamos, incluso los líderes espirituales fallan. La sabiduría de lo alto no tiene nada que ver con gente, sino con permanecer unidos a la vid. *El que permanece en mí y yo en él, ése da mucho fruto, pero sin mí no pueden hacer nada.*

Iris pasó por el despacho de Relaciones Públicas.

La asistente parecía nerviosa mientras guardaba sus cosas en las gavetas.

Era la hora de salida.

—Hola Ruth —dijo la madre de Tony—. Me dejaste preocupada.

—Lo siento, Iris. No debí hablarte por teléfono. Tú tienes tus propios problemas.

—¿Qué vas a hacer?

—Lo que siempre he hecho. No mezclar mis sentimientos con el trabajo. Estoy en este puesto por pragmática. Tú fuiste la primera persona que me hizo modificar un dictamen.

—¡Ruth, deja de cargar el mundo tú sola! Tienes un gran corazón. Posterga las decisiones difíciles hasta después de que te hayas retirado a reflexionar con humildad.

—Ya le pedí consejo a algunas compañeras de trabajo y todas opinan que si me vuelvo amiga íntima de Sebastián adquiriré dinero y poder sobre él.

—Pues yo he comprobado que los amigos y hasta los familiares se equivocan en sus consejos muchas veces. Mira, voy a contarte algo. Mi esposo es científico. Hace años hizo un pacto para encargarse de un importante proyecto. Cuando los empresarios habían comprado todo el equipo y le habían puesto el laboratorio más sofisticado, Miguel dudó. Tuvo miedo. Me preguntó qué opinaba y yo le dije *retráctate; pide más dinero, te van a explotar*, él comentó *pero di mi palabra de honor*, le contesté *no importa; sé práctico*. Entonces mi esposo corrió a pedirle consejo a su compadre, quien le confirmó: *no has firmado ningún contrato, así que ¡pide más dinero!* Él lo consultó con la almohada y la almohada le aseguró: *eres demasiado talentoso, demanda más*. Así fue como triplicó sus exigencias, faltó a su promesa y ocasionó grandes pérdidas a quienes confiaron en él. Lo rechazaron y desacreditaron. Su carrera se fue a pique. Tardamos años en levantarnos, y todo porque consultó a cualquier persona, ¡yo misma le di un mal consejo!, pero jamás consultó a la Fuente de Sabiduría a través de su conciencia. En la Biblia dice que sólo permaneciendo en *él* daremos buen fruto; separados no podemos hacer nada.

—Aprecio tu insistencia —contestó Ruth—, pero mi filosofía sobre Dios es otra.

—¿Ayúdate que *yo* te ayudaré?

—Exacto. Y también "al que madruga Dios le ayuda" y "a Dios rogando y con el mazo dando". ¿Hay algo de malo en ello?

—¡Nada! Todas esas frases son correctas. Sólo que contienen un pequeño error de orden...

A veces la colocación de factores, puede alterar el producto.

Analicemos.

¿Qué significa la frase *ayúdate que yo (Dios) te ayudaré*?

Significa que si nos esforzamos y actuamos con valentía, el Ser Supremo estará de nuestro lado.

¿Y eso aparece en la Biblia?

Para sorpresa de muchos, la respuesta es sí.

La Biblia dice.

Esfuérzate y sé valiente, no te desanimes y yo tu Dios estaré contigo.

¡Increíble! ¡Es exactamente la misma idea!

El problema radica en que, presentada así, está fuera de contexto. Necesitamos leer el verso anterior para comprender un hallazgo de orden. Qué va primero y qué va después. Es tan contundente que nos deja sin habla.

> 1) ^JOS 1, 8 Repite siempre lo que dice el libro de la ley de Dios, y medita en él de día y de noche, para que hagas lo que éste ordena. Así todo lo que hagas te saldrá bien.
>
> 2) ^9 Yo soy quien te manda que tengas valor y firmeza. No tengas miedo ni te desanimes porque yo, tu Señor y Dios, estaré contigo dondequiera que vayas. ^(DHH)

Eso significa: *Primero* acude a la Inteligencia Infinita, aprende de ella, escúchala, y *después* ayúdate a ti mismo, con la confianza de que (ahora sí), recibirás una ayuda especial.

Primero lo primero.

También lo menciona otro famoso verso.

> ^MAT 6, 33 Buscad primero su Reino y su justicia, y todas esas cosas se os darán por añadidura. ^(JER)

El principio es claro.

Si queremos ganar la batalla en tiempos difíciles *primero* **acudiremos a la Fuente de Máxima Sabiduría,** y *después* **trabajaremos arduamente.**

Sebastián interrumpió la conversación de las dos mujeres.

—¿Ruth, nos vamos?

Era la hora de salida. El momento decisivo.

Ruth se despidió de Iris, tomó su bolso y caminó resuelta.

Llegó con Sebastián al estacionamiento.

Ella subió al auto de su jefe.

Emprendieron el camino hacia un motel.

Sin querer, Ruth comenzó a temblar. Abrió la ventana y dejó que el aire la despeinara.

—¿Te sientes bien?

—Voy a vomitar en cualquier momento. Comí algo que me cayó mal.

Su jefe disminuyó la velocidad. No quería que esa empleada fuera a ensuciar su auto que acababa de ganar en el juego. Tampoco le apetecía acostarse con una mujer que podía volver el estómago en la cama.

—Si prefieres, podemos dejar nuestra reunión para otro día.

Ella vio que la estrategia funcionaba. Arqueó el estómago y fingió que estaba a punto de vomitar, pero al hacerlo se dio cuenta de que en verdad tenía nauseas.

Sebastián regresó a la policlínica y ella pudo bajarse del lujoso auto para subirse al suyo, compacto y austero.

De vuelta a casa manejó más de una hora en medio del tráfico. Esta vez no encendió la radio para oír las noticias. Tampoco puso música. Habló en voz alta. Al principio se sintió un poco ridícula, pero después comprendió que era fácil creer. Sólo había que enfocarse en la certeza de lo que no podía ver. Comenzó reclamando. Gritando. Protestando. Su vida era caótica. Aunque la gente la consideraba una mujer segura de sí misma, se sentía sola, frustrada. Siguió hablando hasta que los reproches fueron bajando de tono.

Entonces tuvo vergüenza.

Quiso detener el auto en una iglesia, pero no encontró ninguna en el camino.

Llegó a su casa.

Atendió plácidamente a sus dos hijos y fue especialmente cariñosa con su esposo enfermo. Luego tomó un baño, se puso ropa cómoda y subió a la azotea de su casa. Miró el cielo y pidió perdón. Había sido doloroso, pero comprendió que necesitaba esa intimidad secreta con el Poder Superior para tomar mejores decisiones. Poco a poco el fuego de su interior dejó de quemarle y vio las cosas desde una nueva perspectiva. Tuvo la convicción secreta de que si hacía lo correcto ante su conciencia, a la larga todo le saldría bien. La crisis que había estado a punto de aplastarla se desvaneció poco a poco.

Por primera vez en mucho tiempo sintió que todo en su vida estaba bajo control.

PRINCIPIO 3
Doblegar nuestro orgullo

El orgullo produce estancamiento. Nos impide crecer. Para recuperar terreno perdido, requerimos doblegarnos; reconocer y rectificar nuestros errores.

A Sebastián le gustaban las mujeres, pero su verdadera obsesión era apostar.

Después de dejar a Iris en la policlínica, manejó sin rumbo. Se había hecho a la idea de que tendría sexo con su asistente esa tarde, así que estaba excitado.

Sólo jugando póquer podría calmarse. El juego lo cegaba.

Cinco de siete noches en la semana iba al casino. Había tenido buenas rachas. Hasta ganó un auto deportivo que después volvería a perder. Apostaba dinero; cuando se le acababa, ponía sobre la mesa facturas, escrituras y títulos.

Había caído en una espiral descendente de la que no había retorno.

Así le ocurrió lo esperable.

Meses después se quedó sin nada.

Una noche entró a la casa de sus padres ancianos y abrió la caja fuerte. Sabía la combinación. No la habían modificado en años. Les robó. Apostó lo robado y se recuperó por un tiempo, pero a la larga volvió a malograr todo.

Cierto día hizo lo inverosímil. Apostó a su esposa. La perdió en el juego. Ella tendría, según lo acordado, que pasar la noche con dos rufianes, pero Sebastián le avisó por teléfono y ella huyó.

Días después, los acreedores llegaron a buscarlo a su oficina. Entonces toda la podredumbre de su vida salió a la luz.

La prestadora de servicios para el hospital Chérez, tuvo que despedirlo. Se quedó sin familia, sin trabajo, perseguido por voraces reclamantes.

José Chérez le tendió la mano, y evitó que lo metieran a la cárcel; después lo llevó a un grupo de recuperación.

Sebastián asistió y se sentó en medio, sin hablar durante varias sesiones, preso de la depresión.

—Puedes restituir tu credibilidad y confianza —le dijeron en el grupo—. Quizá hasta reconquistes a tu esposa, pero debes dar el primer paso.

—¿Cuál?

—Doblegarte. ¡Reconoce que te equivocaste y promete hacer un cambio radical!

—Pero yo no tengo la culpa de lo que hice. ¡Estoy enfermo! ¡Soy adicto al juego!

—Te equivocas. Eres culpable de permitir que la adicción te domine. Si no aceptas tus errores, jamás te levantarás.

El primer paso para rehabilitarse es la humildad.

Sólo cuando una persona se para frente a otras y les dice: *Estoy aquí, porque no puedo controlar mi vida y necesito ayuda*, comienza su liberación.

La falta de humildad general ocasiona decadencia.

Pueblos, ciudades, naciones, vea las noticias, están hundiéndose. No hay recuperación posible ni para individuos ni para grupos humanos, mientras no medie una actitud de retracción y vergüenza por el mal que hemos hecho.

Necesitamos humillarnos para iniciar nuestro proceso de mejora. Sólo quien acepta sus errores puede dejar de cometerlos.

Lo dice la Biblia.

> 2 CR 7,14 **si mi pueblo, sobre el cual es invocado mi Nombre, se humilla, orando y buscando mi rostro, y se vuelven de sus malos caminos, yo les oiré desde los cielos, perdonaré su pecado y sanaré su tierra** (JER).

El pasaje es una promesa condicional. La condición para que nuestra tierra (familia, empresa, matrimonio, salud) se *sane* son tres pasos. Desglóselos. Así deducirá el principio.

1. Humillarnos.

2. Buscar el rostro del Creador (doblegándonos).

3. Volvernos de nuestros malos caminos (rindiéndonos *aún más*).

El orgullo produce estancamiento. Nos impide crecer. Para recuperar terreno perdido, requerimos doblegarnos; reconocer y rectificar nuestros errores.

Los principios son inmutables en cualquier tiempo y lugar. Además se relacionan y refuerzan entre sí.

Para que Sebastián pudiera comprenderlo, en el grupo le recomendaron que leyera la historia del rey David.

El rey más importante de la antigüedad.

De niño mató al gigante Goliat, de mayor, llevó a su pueblo a un esplendor nunca visto. Sin embargo, David deseó sexualmente a su vecina Betsabé. A pesar de ser casado (y ella también), la mandó llamar después de que la vio desnuda, bañándose. Entonces tuvo relaciones sexuales con ella. Betsabé quedó embarazada y David sintió miedo. Su liderazgo se veía comprometido. Betsabé era esposa de Urías, un importante miembro del ejército en batalla.

David hizo traer a Urías de la guerra para que "descansara" unos días junto a su esposa. Sabía que tendrían relaciones sexuales y todos podrían decir que el hijo de Betsabé había sido engendrado por su propio marido. Pero Urías resultó tener mayor integridad que David. Consideró indigno dormir en casa mientras sus hombres estaban luchando. Por honor, prefirió concentrarse en las estrategias de guerra. Así que David lo emborrachó. Hizo todo lo posible para que cambiara de opinión y fuera a dormir con su esposa. Urías no lo hizo. Entonces David le dio una carta para que la llevara al general del ejército en la que daba órdenes de que lo pusieran en la primera línea de batalla. De esa manera lo matarían. Urías fue asesinado…

¿Cómo pudo David hacer cosas tan terribles y aún así pasar a la historia como alguien ejemplar?

Entre muchas otras razones, quizá la más importante es esta:

David doblegó su orgullo.

Es cierto que no basta con mostrarnos arrepentidos para borrar los errores del pasado, pero es el primer paso. Una persona que ha fallado de forma grave sólo iniciará el largo proceso de recuperación propia y sanidad a terceros cuando haga un alto total, se vea al espejo y diga "¿qué he hecho?, ¡esto no puede seguir! Me degradé, dañé a otros y ofendí a Dios".

Cuando David lo entendió, escribió un salmo muy famoso. *Miserere*. Por favor visualice a este hombre llorando, gritando, consumido por el remordimiento. Luego disfrute, con David, su mayor descubrimiento:

> Un **corazón quebrantado y arrepentido** recibe *siempre* el abrazo y aceptación del Creador.

Por ese corazón quebrantado y arrepentido, Dios no despreció a David, a pesar de lo que hizo...

Por eso no me despreciará a mí a pesar de lo que hice. Ni a usted...

Sería bueno cerrar la puerta de la habitación.

En secreto. Ponernos de rodillas, y hablar*le* con un corazón quebrantado y arrepentido por primera vez.

Ahora sí, veamos como David comprendió sus errores de forma cabal y suplicó por ser perdonado.

SAL 51 Ten compasión de mí, oh Dios, conforme a tu gran amor; conforme a tu inmensa bondad, borra mis transgresiones. [2] Lávame de toda mi maldad y límpiame de mi pecado. [3] Yo reconozco mis transgresiones; siempre tengo presente mi pecado. [4] Contra ti he pecado, sólo contra ti, y he hecho lo que es malo ante tus ojos; por eso, tu sentencia es justa, y tu juicio, irreprochable. // [6] Yo sé que tú amas la verdad en lo íntimo; en lo secreto me has enseñado sabiduría. [7] Purifícame con hisopo, y quedaré limpio; lávame, y quedaré más blanco que la nieve. [8] Anúnciame gozo y alegría; infunde gozo en estos huesos que has quebrantado. [9] Aparta tu rostro de mis pecados y borra toda mi maldad. [10] Crea en mí, oh Dios, un corazón limpio, y renueva la firmeza de mi espíritu. [11] No me alejes de tu presencia ni me quites tu santo Espíritu. [12] Devuélveme

> la alegría de tu salvación; que un espíritu obediente me sostenga.// ¹⁷ El sacrificio que te agrada es un espíritu quebrantado; tú, oh Dios, no desprecias al corazón quebrantado y arrepentido. (NVI)

¿Quién no desea ser purificado, quedar limpio, recibir alegría y gozo en sus huesos quebrantados? ¿Le gustaría apartarse de la suciedad, que sus maldades, sean borradas, recibir una firmeza sobrenatural para sostenerse?

Otra vez imagine a David de rodillas, llorando en un lugar secreto y suplicando desgarradoramente las palabras anteriores.

Ahora volvamos a nosotros. A usted y a mí.

Recordemos las tonterías que hicimos.

¿Algunas escenas del pasado le avergüenzan? A mí, sí.

Si deseamos salir de la crisis tendremos que asumir las consecuencias de cada error, pero no con nuestras propias fuerzas, sino doblegándonos ante el Ser Supremo, dejando que él rompa las cadenas de prisión mental que nos han esclavizado a creencias de fracaso y nos brinde el beneficio de no volver a sufrir humillación ni vergüenza.

¿Seremos capaces? Lea lo siguiente. Es una nota de su Padre del Cielo escrita especialmente para usted:

> IS 54, 4 »No temas, porque no serás avergonzada. No te turbes, porque no serás humillada. Olvidarás la vergüenza de tu juventud, y no

recordarás más el oprobio de tu viudez. **7** Te abandoné por un instante, pero con profunda compasión volveré a unirme contigo. **8** Por un momento, en un arrebato de enojo, escondí mi rostro de ti; pero con amor eterno te tendré compasión.// **15** Si alguien te ataca, no será de mi parte; cualquiera que te ataque caerá ante ti... **17** No prevalecerá ninguna arma que se forje contra ti; toda lengua que te acuse será refutada. Ésta es la herencia de los siervos del Señor, la justicia que de mí procede. (NVI)

¿Alguna vez ha sentido que su vida va mal?

¿Que le llueve sobre mojado? No es una casualidad.

El pasaje dice en los versos 7 y 8: *Te abandoné por un instante, en un arrebato de enojo escondí mi rostro de ti…*

¿Por qué Dios pudo abandonarlo(a) *por un instante*, tener enojo contra usted y esconderse? La respuesta es simple: ¡Porque usted estaba siendo arrogante con *él*, infringió sus principios, no creía, no buscaba su sabiduría a través de su conciencia, y era incapaz de reconocer sus faltas… así que *él* se enfadó y le volvió la espalda. Y usted cayó hondo.

A Sebastián le costó trabajo doblegarse.

Al fin lo hizo. Pidió perdón, gritando, llorando, de rodillas, con más convicción que el mismísimo rey David.

Cuando se sintió perdonado, le quedó un trabajo más difícil aún: Aceptar las consecuencias de sus actos.

Eso lo llevó al siguiente principio.

PRINCIPIO 4
Aceptar la realidad

**Después de una tormenta siempre hay pérdidas.
Para reconstruir lo destruido, necesitamos
controlar la mente, aceptar la realidad, y
hacernos responsables de los daños que causamos.**

---

*D*esde que Sebastián apostó y perdió a su esposa en el juego, no la volvió a ver. Pasaron dos años. Durante ese tiempo siguió un proceso de doce pasos para recuperarse.

Se dio cuenta que los preceptos de Alcoholicos Anónimos (AA), que han ayudado a millones de personas en el mundo a superar el alcoholismo y otras adicciones similares, de manera no religiosa, provienen de la Biblia.

Sebastián recitaba cada mañana una oración basada en los doce pasos[1].

Un día, su esposa regresó a la ciudad y lo llamó. Se citaron.

Ella lucía hermosa.

—¿Cómo has estado, Sebastián?

—Bien. Ya superé mi vicio. No he vuelto a andar con mujeres. Pagué el dinero que debía y restituí el daño que causé a mis padres. ¡Estoy listo para rehacer nuestro matrimonio!

—De eso quería hablarte. Cuando tuve que huir, conocí a otro hombre. Él me ayudó a empezar de nuevo. Ahora vivimos juntos. Tenemos una hija y estoy embarazada otra vez. Quiero divorciarme de ti.

—¿Pero cómo? ¡Eres *mi* mujer!

—Te equivocas. No soy *tuya*. No puedes apostarme como si fuera una cosa.

—Te dije que superé esa etapa.

—Es demasiado tarde, Sebastián. Lo nuestro terminó.

---

1 *Dios mío:* "(1) *Admito ante ti que soy impotente frente al juego y que mi vida se había vuelto ingobernable,* (2) *que siempre he creído en ti como mi Ser Supremo, y que sólo tú puedes devolverme el sano juicio.* (3) *Pongo mi voluntad y mi vida bajo tu cuidado y todos los días,* (4) *sin miedo, hago mi inventario moral para* (5) *admitir ante ti, ante mí y ante otros seres humanos, la naturaleza exacta de mis defectos de carácter.* (6) *Estoy enteramente dispuesto a que tú me liberes de esos defectos de carácter y* (7) *humildemente te lo pido.* (8) *Haré una lista de las personas a las que ofendí y estoy dispuesto a reparar los daños que les causé.* (9) *Repararé directamente esos daños a cuantos me sea posible, excepto cuando al hacerlo implique perjuicio para ellos o para otros.* (10) *Te prometo continuar realizando diariamente mi inventario personal y cuando me equivoque lo admitiré de inmediato.* (11) *Buscaré, a través de la oración y la reflexión, mejorar mi contacto consciente contigo y, humildemente te pido me dejes conocer tu voluntad y me des la fortaleza para cumplirla. Te prometo que* (12) *al obtener mi despertar espiritual como resultado de estos pasos, trataré de llevar el mensaje a otros adictos y de practicar estos principios en todos mis asuntos. Hágase tu voluntad, no la mía.* (fuente: http://aaalcoholico-agradecido.blogspot.com/2008/12/mi-oracin-diaria-de-los-doce-pasos.html).

Fue inútil suplicar. Ella estaba decidida.

Sebastián volvió a su grupo y vociferó. Algo no encajaba. ¡Él había seguido los doce pasos! ¡Dios lo había perdonado! ¿Por qué ahora no le hacía el "favor completo" y le devolvía a su esposa?

Desesperado, increpó frente a su grupo:

—El rey David pidió perdón, y con ello toda su vida volvió a la normalidad, ¿no es así? ¿Por qué yo no puedo recuperar a mi familia?

—Te equivocas, Sebastián —le explicó el compañero que sabía más del tema—. El rey David recibió una nueva oportunidad para seguir reinando, sin embargo, *de todas formas* tuvo que vivir las consecuencias de sus malos actos. El hijo que engendró con Betsabé, murió, y otros hijos suyos se destruyeron entre sí. Uno de ellos (Amón) se sintió atraído sexualmente por su hermana (Tamar), le tendió una trampa y la violó. Otro (Absalón), enfurecido por esa violación, mató a su hermano Amón. Poco después se rebeló contra su padre, hasta que los soldados acabaron también matándolo. David sufrió y lloró todas las tragedias familiares derivadas de su mal ejemplo como padre.

—¿Eso significa que deberé sufrir por mis errores?

—Sí.

—¿Entonces de qué sirve haberme arrepentido? ¿No se supone que, si Dios te perdona, también te evita el sufrimiento?

—No en el caso del que ya venía en camino. Entiende. Es como si dispararas una pistola y pidieras perdón mientras la bala viaja en el aire. Aún con todo tu arrepentimiento la bala continuaría su trayectoria hasta alcanzar el blanco... Dios no detiene la bala, porque sería como atentar contra sus propias leyes. Sin embargo, te da valor para asumir las consecuencias, aceptar la nueva realidad y controlar tu mente para volver a la vida —Sebastián movía la cabeza en señal de obstinación; su amigo insistió—. ¡Tus errores tienen repercusiones! ¡Incendiaste la cortina de tu casa con un cerillo y aunque llamaste a los bomberos, hubo daños irreparables!

—¿O sea que perdí a mi esposa para siempre?

—No lo sé, pero analiza las cosas. Ella decidió formar otra familia, ¡tiene dos hijos! No apoyo lo que hizo, pero tú, mejor que nadie, sabrás *porqué lo hizo*. Ahora **acepta los hechos** y deja de lamentarte.

—No. No. No.

—¡Controla tu mente, Sebastián! Recuerda la oración de la *serenidad* de Niebuhr, que recitamos todos los días.

Se ha vuelto universalmente famosa. Es usada en cada junta de recuperación basada en los doce pasos.

> Dame Señor, la serenidad para aceptar las cosas que no podemos cambiar, valor para cambiar las que sí podemos, y sabiduría para reconocer la diferencia...

No podemos recuperar a un familiar que ha muerto, ni un inmueble que se ha quemado, ni un fólder con papeles que cayó a las cataratas. Las consecuencias de nuestros actos, pueden incidir aquí. Si hemos causado daños, hay que aceptarlo, doblegarnos, pedir perdón, restituir

S 3 p

Los Angeles Public Library
Memorial Branch
9/20/2017   5:55:54 PM

- PATRON RECEIPT -
- CHARGES -

1. Item Number: 37244231715369
Title: Spider-Man storybook collection.
Due Date: 10/11/2017

2. Item Number: 37244193707446
Title: Luz en la tormenta : 12 principios para ga
Due Date: 10/11/2017

3. Item Number: 37244177560647
Title: Rugrats, tales from the crib   [videorecor
Due Date: 9/25/2017

4. Item Number: 37244215925133
Title: At Middleton /
Due Date: 9/25/2017

Need a hand with homework? We can help!
We offer free online tutoring for students
in grades K-12 and adult learners.
http://www.lapl.org/onlinetutor

To Renew: www.lapl.org or 888-577-5275

--Please retain this slip as your receipt--

lo que le quitamos a otros y enfocarnos en actuar de manera diferente.

Las cosas son como son.

¿Por qué se suicida un hombre que pierde su dinero en la bolsa?, ¿o una mujer cuyo hijo fallece?, ¿o una joven que es rechazada por su amado? ¡Porque ninguno quiere *aceptar su nueva realidad*!

Permitir que la etapa de "negación" se alargue, nos hace personas perpetuamente *enojadas*.

Observe lo que dice este pasaje al respecto:

> EC 7, 9 **No te dejes llevar por el enojo, porque el enojo es propio de gente necia.** [10] **Nunca te preguntes por qué todo tiempo pasado fue mejor, pues esa no es una pregunta inteligente. //** [14] **Cuando te vaya bien, disfruta ese bienestar; pero cuando te vaya mal, ponte a pensar que lo uno y lo otro son cosa de Dios, y que el hombre nunca sabe lo que ha de traerle el futuro.** (DHH)

Si me enojo porque no me gusta la realidad, soy un necio. Si me pregunto por qué el pasado fue mejor, estoy haciendo una pregunta tonta.

Las crisis provienen de cambios drásticos. Provocan temor y parálisis. Admita *lo más rápido posible cada cambio definitivo*. Suelte el pasado y viva con nuevos recursos. La bala que disparó hace tiempo llegó a su destino. El incendio que usted provocó hizo daños. Pero *ahora*, el enemigo principal es su propia mente.

El profeta Jeremías vio situaciones críticas:

Decadencia de personas amadas, promiscuidad al máximo, la perdición total de amigos y familiares.

Hay un pasaje muy famoso en el que él dice que se deprime a causa de lo que piensa:

> LAM 3, 19 **Recuerdo mi tristeza y soledad, mi amargura y sufrimiento; 20 me pongo a pensar en ello y el ánimo se me viene abajo.** (DHH)

Sin embargo, después reacciona con sabiduría y dice: "Alto, no puedo vivir así; yo tengo el control de mis pensamientos".

> LAM 3,21 **Pero una cosa quiero tener presente y poner en ella mi esperanza: 22 El amor del Señor no tiene fin, ni se han agotado sus bondades. 23 Cada mañana se renuevan. ¡Qué grande es su fidelidad!** (DHH)

En los versos anteriores se demuestra con toda claridad que tenemos control de nuestros pensamientos y por lo tanto de nuestros sentimientos.

El estado de ánimo depende de lo que decidimos pensar.

Usted tiene total capacidad para estar de buen humor o de mal humor.

**Me pongo a pensar en todo lo malo y el
ánimo se me viene abajo**

Si no controla su mente puede ocasionar caos.

Una conocida empresa en la que se fabricaban muebles de madera, quebró. Todo comenzó con las palabras de alguien descontento. *La semana pasada pedí un préstamo; el jefe me lo negó porque estamos en bancarrota. Vamos en picada. El avión se va a estrellar. ¡Ya no hay ventas!*

Su amigo, atemorizado, corrió a contarle a otro: *¿Ya supiste? Me enteré que van a cerrar nuestra fuente de trabajo.*

El nuevo portador de la noticia, asustado, comentó a alguien más: *Los dueños de la fábrica van a huir del país y nos echarán a la calle sin indemnizarnos.*

Cada trabajador, preso del miedo, le agregó a la nota un poco de su cosecha. Se unieron a un sindicato destructivo, para irse a huelga con peticiones excesivas y, entonces sí, pusieron a la empresa en una crisis de la que no pudo recuperarse.

Otro ejemplo real: En el centro nocturno *News divine* se vendían bebidas alcohólicas a menores de edad. La policía hizo un operativo de inspección y quiso sondear si los muchachos tenían drogas. Les pidió que abandonaran el lugar para ser revisados. Entonces se corrió el rumor entre los jóvenes de que si salían rápido evitarían la extorsión. Cientos de muchachos se agolparon en un pasillo de metro y medio tratando de escapar al mismo tiempo. Las imágenes grabadas son espeluznantes. Se aplastaron unos a otros. Hubo varios muertos por asfixia.

Los rumores de catastrofismo corren como polvorín y hacen estallar nuestras reservas de pánico. Nos preparamos para lo peor, y lo peor sucede.

Siguiendo en la misma tónica, nos damos a la tarea de crear nuevos chismes y hacerlos circular por Internet. *La crisis ha sido orquestada por políticos maquiavélicos; las empresas farmacéuticas diseminaron el nuevo virus de influenza; los de arriba nos han manipulado, para beneficiarse.*

Así, el desastre se vuelve parte de nuestra ideología. Todo porque no controlamos la mente ni distinguimos la realidad.

Tranquilícese.

Incluso si perdió algo o a alguien muy querido, le guardará luto unos días, y terminará por adaptarse a las nuevas circunstancias. Es natural. La vida sigue y cada mañana recibe energías para luchar.

Claro que podría frenar en medio del túnel oscuro (por el que si siguiera hallaría la luz muy pronto), quedarse en la negrura y llorar. Es libre de hacer lo que le plazca, pero usted pertenece a la luz y no olvide que si se queda en la oscuridad, lo hace por decisión propia.

> [EF 5,8] Ustedes antes vivían en la oscuridad, pero ahora, por estar unidos al Señor, viven en la luz. Pórtense como quienes pertenecen a la luz, [9] pues la luz produce toda una cosecha de bondad, rectitud y verdad. [10] Examinen

siempre qué es lo que agrada al Señor. [11] No compartan la conducta estéril de los que son de la oscuridad; más bien sáquenla a la luz. (DHH)

Este es el principio:

**Después de una tormenta siempre hay pérdidas.
Para reconstruir lo destruido, necesitamos
controlar la mente, aceptar la realidad
y hacernos responsables de los daños que causamos.**

1. Controlemos la mente.
2. Aceptemos la realidad.
3. Paguemos las consecuencias de nuestros actos.

A Sebastián le costó mucho trabajo.

Estuvo a punto de caer de nuevo en sus vicios. Se contuvo apenas. Aferrado a los principios que había aprendido, después de varios meses pudo por fin controlar su mente y aceptar la realidad. Luego, se dedicó a pagar las consecuencias de cada error.

Regresó a la Policlínica Chérez y buscó a Ruth.

Ahora ella era la jefa de Relaciones Públicas. Ocupaba el puesto que él tuvo. La recepcionista le informó que se encontraba en una junta de trabajo, ni más ni menos que con el dueño del hospital. El famoso José Chérez.

Sebastián no lo dudó. Fue al despacho principal y en unos minutos se hallaba frente a ellos.

—Gracias por recibirme —dijo—. Sé que están ocupados, pero quise aprovechar la oportunidad de hablar con ustedes dos juntos. Señor Chérez, quiero darle las gracias; se enteró de todas las tonterías que hice hace dos años y lejos de arremeter contra mí, me envió a un grupo de autoayuda; además me protegió de ir a la cárcel. Le agradezco en el alma. Acabo de entrar a trabajar en un restaurante y pienso pagarle todo lo que le debo. A ti, Ruth —la miró—, quiero pedirte perdón. Estuve a punto de abusar de tu ingenuidad. No sé en qué pensaba... Por fortuna, reaccionaste a tiempo. Te fingiste enferma.

Ruth sonrió y agachó la cara. Luego dijo:

—No creas que fui tan ingenua. Pero aquella tarde, de verdad tuve nauseas. Comprendí muchas cosas. Mi vida dio un giro de ciento ochenta grados gracias a la semilla que sembró en mi mente una amiga. Iris.

—¿La mamá del niño desahuciado?

—Sí. ¡No tienes idea de lo que han vivido! La historia de Tony y su familia es un drama muy... digamos... inspirador —se quedó con la vista fija como recordando, pero sólo agregó—. ¡Los hijos suelen inyectar emoción a nuestras vidas!

—Me imagino —comentó Sebastián—. Aunque yo no tengo hijos, mi exesposa tuvo dos —sonrió—. Con otro hombre.

Hubo un silencio tenso. Ruth jugueteó con un bolígrafo haciéndolo chocar en la superficie de la mesa. Sebastián quiso romper la tirantez preguntando de forma casual al líder máximo de la policlínica:

—Y usted, señor Chérez ¿tiene hijos?

—Sí. Dos, también. Una mujer de veintitrés años, Nena, y un hombre de veinte, Jack.

—Deben ser campeones, como su padre.

—Bueno, más o menos. Nena es atleta y ha ganado medallas a nivel mundial, pero por desgracia no manejó bien la fama y ha sufrido mucho. Perdió la pasión. ¡No sabes cuánto pido por ella! Por otro lado, Jack, ¡qué carácter tan fuerte e impulsivo!, reclamó su independencia desde hace tiempo y se fue de la casa. ¡Lo echo tanto de menos! Añoro que esté bien y algún día regrese...

Ruth se asombró de la facilidad con la que Chérez abrió su corazón.

—Gracias por compartirnos esas... confidencias —susurró.

—Con todo respeto —dijo Sebastián, después—, no me lo tome a mal, yo pensé que los grandes líderes tenían una vida y una familia perfecta...

—Ya ves que no... Todos los seres humanos somos propensos al dolor. Es lo que nos hace humanos. Además, mientras más amamos, nos volvemos más vulnerables. Podemos perderlo todo excepto la *pasión* por seguir viviendo...

—Como le ocurrió a su hija...

—Sí.

—Cuéntenos —suplicó Ruth.

José Chérez miró a sus dos interlocutores sin poder dar crédito a la extraña conversación en la que repentinamente se había visto envuelto.

Suspiró y comenzó a relatar.

SEGUNDA PARTE

Principios de trabajo

En los momentos difíciles mucha gente se paraliza, duda y renuncia a sus sueños. Nosotros debemos hacer lo contrario. *Rendir más*.

Este grupo de principios nos muestra cómo fortalecer nuestra visión y carácter para:

1. Trabajar con pasión.
2. Ser más productivos.
3. Ser más persistentes.
4. Crecer y expandirnos.

PRINCIPIO 5
Trabajar con pasión

Sólo empezaremos a ver ganancias claras, cuando elevamos nuestros niveles de pasión en el trabajo. La pasión se compone de sencillez y entrega.

---

*N*ena construyó su propio trampolín.

Usó una tabla de madera fuerte y flexible. La colocó sobre rocas en una saliente de la laguna. Ahí aprendió a arrojarse al agua. Con el tiempo se hizo clavadista. Sus inusitadas habilidades la llevaron a alcanzar grandes metas. Disfrutó el proceso. Era apasionada. Amaba entrenar y competir. Cada triunfo logrado representaba una pequeña perla para su collar del éxito. Al fin consiguió el reto máximo. Obtuvo una medalla olímpica.

Entonces su pasión se volvió aprensión y su sencillez, presunción.

Cámaras escondidas la filmaban a todas horas. La gente le pedía autógrafos. Los comentaristas de deportes la llamaban por teléfono y le hacían entrevistas improvisadas.

Nunca pensó que una medalla de oro pudiera llegar a pesar como si fuera de plomo.

Dejó de disfrutar su actividad favorita. Ante cada competencia, se ponía nerviosa. Le sucedía como a muchos deportistas que se vuelven celebridades: No quieren participar en cualquier certamen. Primero se aseguran de que sea *de altura* y después de que puedan ganarlo. Pero su falta de modestia les hace calcular mal. Usan lentes negros y caminan como artistas. Desprecian a otros colegas, y tarde o temprano pierden no sólo las competencias sino la chispa, la efervescencia, la magia de dar lo mejor que los caracterizaba.

La historia de Nena es triste, pero real.

Observe a las personas que salen en televisión.

Algunas se inflan tanto que acaban estallando. Cuando pierden el contrato, se aferran a la idea de que todos deben continuar aplaudiéndoles y, con frecuencia, acaban sin prestigio, sin dinero y sin familia.

Lo contrario de la sencillez es la presunción, y la presunción siempre conlleva pérdida de entusiasmo.

Después de ganar fama, grandes catedráticos dejan de preparar las clases que dan. Cantantes dejan de vocalizar y ensayar. Personas con problemas económicos siguen gastando dinero como si todavía tuvieran. Todos ellos se creen tan "ilustres" que entran en decadencia.

Este tema tiene un pie en el grupo de principios anteriores, sobre la humildad, y otro pie en el nuevo grupo de principios, sobre el trabajo. Es la transición perfecta, pues sólo siendo humildes podremos trabajar con pasión y así lograr resultados extraordinarios.

Al Ingeniero Luis le sucedió algo cómico.

Coincidió con algunos amigos y familiares cuando fue a realizar un trámite. Había mucha gente haciendo la gestión. Cuando el hombre del mostrador le pidió sus datos Luis dijo: "me llamo *Ingeniero* Luis". Después de todo, se había preparado durante años para que lo trataran con respeto. Tomó asiento entre muchos, esperando que lo llamaran. De tiempo en tiempo se voceaba el nombre de la persona en turno. Al fin dijeron el suyo. Pero lo pronunciaron mal. Una señorita gritó con voz gangosa por el altavoz:

—Higinio Luis. Higinio Luis… Higinio Luis.

Como nadie contestó, él levantó la mano para preguntar:

—¿Quiere decir Ingeniero Luis?

—Pues aquí dice Higinio. ¿Es usted?

—Seguramente.

Sus amigos y familiares rieron a carcajadas. Desde entonces, por ostentoso, todos le dicen Higinio.

Presumir títulos en cualquier lugar y momento, no es sólo imprudente sino paralizante. ¿Qué le importa al mundo si soy ingeniero, doctor o licenciado? Cuando me encuéntre en el campo de trabajo demostraré lo que sé y lo que soy, pero, ¿qué caso tiene andar sacando la cabeza por el auto para que me tomen una foto? Acabaré chocando. La verdadera grandeza se viste de sencillez y entrega. No de presunción y banalidad.

Veamos lo que dice la Biblia.

> FIL 2, 5 La actitud de ustedes debe ser como la de Cristo Jesús, 6 quien, siendo por naturaleza Dios, no consideró el ser igual a Dios como algo a qué aferrarse. 7 Por el contrario, se rebajó voluntariamente, tomando la naturaleza de siervo y haciéndose semejante a los seres humanos. 8 Y al manifestarse como hombre, se humilló a sí mismo y se hizo obediente hasta la muerte, ¡y muerte de cruz! 9 Por eso Dios lo exaltó hasta lo sumo y le otorgó el nombre que está sobre todo nombre... 10 para que ante el nombre de Jesús se doble toda rodilla en el cielo y en la tierra y debajo de la tierra, 11 y toda lengua confiese que Jesucristo es el Señor, para gloria de Dios Padre. (NVI)

¡Qué pasaje más espectacular! ¿No le parece?

Independientemente del significado *teológico*, observe el mensaje *práctico*:

Para poder cumplir metas extraordinarias no debemos aferrarnos a nuestro pasado honorable, sino por el contrario, rebajarnos voluntariamente para servir con sencillez y entrega total. *Eso es pasión.*

Un violinista extraordinario fue requerido en la alta sociedad.

Todo apuntaba a la exquisitez. Lugar excelso. Invitados críticos, conocedores. Ambiente elitista, jactancioso, de petulancia insoportable. El gran violinista, cuyo currículum ostentaba los logros más elevados, apareció en escena. Percibió la fatuidad del aire. Entonces decidió cerrar los ojos y concentrarse en el violín. Su único amigo confiable. Pensó. *Mis logros del pasado no importan. Yo amo lo que hago. Mi violín y yo, somos uno*. A la mitad del concierto, el músico estaba despeinado, sudando, con la ropa desacomodada. Al final, en éxtasis. La sabihonda concurrencia con la guardia abajo, observando embelesada, lagrimeando, convencida de que en efecto ese hombre era un gran ejecutor. No por sus títulos sino por su pasión.

Ser apasionado es entregarse al trabajo sin importar lo que digan o no nuestros papeles; sin considerar si tenemos o no credenciales.

Cuentan de un poderoso príncipe que se enamoró.

Ella era doncella del pueblo.

El príncipe tenía poder para enviar a todos los soldados del ejército y traerla hasta a su presencia. También tenía la opción de irrumpir en su morada, derribando la puerta. En cualquiera de esos casos, el príncipe lograría impresionarla y, sin duda, ella aceptaría irse con él. Pero lo haría por miedo. Nunca por amor. Ahora imagine que el príncipe se despoja de sus vestiduras reales, se viste con sencillez y camina sin séquitos ni asistentes hasta la puerta de la doncella para presentarse y conquistarla. En este supuesto se vería obligado a ser humilde y entregado a la vez; a mostrar su esencia y no su apariencia, a enseñar lo que es capaz de hacer y no lo que dicen sus títulos.

Esa es la clave inicial de los principios sobre trabajo. Sea usted mismo. Deje de tratar de impresionar con su belleza. Tampoco tome en cuenta su fealdad. Muestre de lo que es capaz y espere. La gente lo reconocerá y le dará un lugar de honor, sin que usted lo pida.

Analice este pasaje:

> LUC 14,8 Cuando alguien te invite a un banquete de bodas, no escojas el mejor lugar. Puede ocurrir que haya sido invitado otro más importante que tú, 9 y el que los invitó a los dos venga y te diga: Deja tu lugar a esta persona. Y con gran vergüenza tendrás que ir a ocupar el último lugar. 10 Al contrario, cuando te inviten, ponte en el último lugar y así, cuando llegue el que te invitó, te dirá: Amigo, ven más arriba. Esto será un gran honor para ti ante los demás invitados. 11 Porque el que se ensalza será humillado y el que se humilla será ensalzado. (BL)

Si usted cuenta con un currículum impresionante, escríbalo y enséñelo siempre que requiera captar la atención, antes de presentarse públicamente o solicitar un trabajo. Échele un ojo también para sentir seguridad al recordar su respaldo técnico. Pero en cuanto llegue su turno, ¡por favor olvídese del historial y actúe libremente, disfrutando, sirviendo; siendo usted mismo con alegría y *pasión*!

Se habla de un famoso médico cirujano que durante el temblor del 85 en México pasó muchas horas escarbando y levantando piedras con sus propias manos para salvar gente.

Cuentan de un catedrático de ilustres títulos que renunció a los premios para dar clases excelsas en escuelas de bajos recursos.

Ellos lograron aplicar el principio de bajarse del pedestal para servir con excelencia, usando sus conocimientos y experiencias al máximo. Así se volvieron a encumbrar.

Este es el principio:

Sólo empezaremos a ver ganancias claras cuando elevamos nuestros niveles de pasión en el trabajo. La pasión se compone de sencillez y entrega.

El famoso tenor Enrique Caruso le escribió la siguiente carta a un amigo:

Cuando yo era un desconocido cantaba como los pájaros, por el simple deleite de hacerlo.

Cuando me pagaban diez liras en un espectáculo barato, aún lo disfrutaba. ¡Cantaba con toda tranquilidad y no importaba mucho si cometía algún error!

Sin embargo, amigo, ahora, vivo perturbado por la fama. Es demasiado abrumadora. No podría crecer más, pero sí podría verse comprometida por cualquier error.

La verdad es que canto con la fiebre en el cuerpo. A veces al aparecer en el público, siento que voy a desmayarme por la tensión nerviosa. Al terminar cada ópera quedo extenuado. Y es que como se obliga a los espectadores a pagar precios exorbitantes por escucharme, me consideran un fenómeno que debería dejarlos con la boca abierta.

Mucha gente me envidia. Cree que soy una criatura fabulosamente feliz, y no saben que el pobre de Enrique Caruso se siente el más infeliz de los seres humanos.

Caruso temblaba porque cargaba sobre sus hombros demasiadas "medallas de plomo" y eso lo hizo perder la pasión.

Sin pasión, nuestro mayor deleite se convierte en trabajo.

El principio me dice, una y otra vez: *muestra tu esencia. Se tú mismo. Actúa con entrega y sencillez.*

HAGAMOS UN EJERCICIO.

Recuerde sus logros.

Sociales _____

Políticos _____

Económicos _____

Académicos _____

Deportivos _____

De pareja _____

De familia _____

Religiosos _____

Ahora escriba esos logros (quizá sean tantos que no quepan en las líneas anteriores); hágalo en un papel y guárdelo.

Presente su historial de éxitos cuando necesite que lo escuchen y le paguen más, pero, *en su diario vivir* **olvide que existe**.

Renuncie a él.

> Haga un esfuerzo consciente por dejar de lado el currículum.
>
> Acéptelo de una vez: Lo que vale de usted son sus conocimientos, su experiencia, su entrega y sencillez para trabajar cada día. No su "egoteca".

Nena, anunció su retiro.

Estaba abrumada por la fama.

Poco tiempo después, pasó al olvido.

El público sediento de celebridades enfocó los reflectores en otras personas, y ella se quedó sola, apenada, deprimida… Entonces enmarcó su medalla, hizo copias ampliadas de los recortes periodísticos en que se le enalteció y puso los cuadros en la entrada de su casa para que todo el que llegara supiera quién era ella. Pero a nadie le importaba.

Su padre, José Chérez, la invitó a trabajar en la policlínica. Pero Nena no quiso. Emprendió otros negocios y no logró utilidades. Dio conferencias y no cautivó. En la soledad, gritaba de desesperación. Ella era campeona olímpica. ¿Por qué todos lo olvidaron? Volvió a las competencias y halló rivales más hábiles y jóvenes. Así que se escondió otra vez.

Regresó a su pueblo natal. Entre arbustos y hierba crecida llegó hasta la saliente rocosa en la que muchos años atrás instaló una tabla de madera fuerte y flexible. Su primer trampolín. Todavía estaba ahí. La laguna debajo, diáfana y profunda, invitándola a sumergirse. No pudo resistirlo. Se abrió paso entre la hierba y se paró sobre el viejo trampolín. Escuchó el rechinido pero no le hizo caso. Apenas levantó las manos para impulsarse, la tabla se rompió. Nena cayó. Logró esquivar unas rocas en su descenso antes de estrellarse sin control en el agua. El golpe la lastimó, pero no de gravedad. Llorando, miró hacia arriba. Vio el viejo trampolín partido a la mitad, colgando todavía de la saliente. Entonces comprendió su gran error. Siempre se aferró a lo viejo. Se paró en tablados antiguos y perdió la capacidad para renovarse. Las plataformas del ayer se oxidan. Son traicioneras.

Sólo el presente importa.

PRINCIPIO 6
Aprovechar el ciclo productivo

Las crisis ocurren en la parte baja del ciclo productivo. Es cuando más requerimos sembrar, si deseamos obtener buenas cosechas en la parte alta.

---

*E*l fundador de la policlínica Chérez era un hombre enigmático. Millonario de ética cabal y reputación impecable. En su hospital había mucho movimiento a todas horas. Mediante cuotas bajísimas eran atendidas decenas de personas al día. El edificio tenía cerca de treinta especialidades médicas y una sala de emergencias con los mejores adelantos tecnológicos.

—Señor Chérez —le dijo Ruth—, la historia de su hija Nena es conmovedora. Sé que pronto se recuperará y volverá a ser campeona. Lo lleva en la sangre.

—Opino igual.

—Hay algo más que quiero decirle. Mientras usted nos contaba lo que había pasado con Nena y todas las reflexiones alrededor de ella, me sentí inspirada. Deseosa de vivir con más pasión. Y pensé en la policlínica… Aquí hay muchos problemas a diario. La idea generalizada de *crisis* está presente en el ánimo de todos los empleados. La calidad del servicio ha bajado. Cada vez hay más quejas. Necesitamos un, ¿cómo le diré?, empujón anímico. ¿Por qué no nos imparte un curso de capacitación?

Chérez se quedó pensando, luego dijo:

—Bueno. Un curso, propiamente, no. Sin embargo conozco anécdotas inspiradoras que podría compartir con la gente.

—¡Está bien! Todo puede ayudar.

—De acuerdo, Ruth. Haga un comunicado interno. Los lunes a las ocho de la mañana nos reuniremos treinta minutos en el aula de conferencias.

Así fue como el señor Chérez comenzó a narrar historias a sus empleados.

Ésta fue la primera:

Un hombre emprendedor se estaba muriendo.

Mandó llamar a sus dos hijos perezosos y les dijo:

—Ustedes saben que he hecho buenos negocios. Hace poco vendí todo lo que tenía y compré una gran parcela de tierra. Aquí está el mapa. Ahora que voy a morir, hijos, les diré mi gran secreto. A cuarenta centímetros de profundidad enterré monedas de oro que valen una fortuna. Están distribuidas por todo el terreno. Vayan. No dejen que nadie escarbe en él. Háganlo ustedes. Irán encontrando las monedas poco a poco y serán ricos.

El hombre murió. Sus dos hijos, molestos, reclamaban:

—¿Por qué no nos dio el dinero de su herencia en la mano?

Tuvieron que mudarse al rancho para buscarlo. Comenzaron a remover la tierra con palas. El terreno tenía varias hectáreas. No encontraron ninguna moneda de oro.

Agotados, frustrados y furiosos, protestaron otra vez:

—¿Por qué nuestro padre nos jugó esta broma tan pesada?

Gran parte de la tierra había quedado floja y se aproximaba la época de lluvias. Alguien les aconsejó que sembraran semillas. Así lo hicieron y obtuvieron una gran cosecha. Ganaron mucho dinero. Pero cuando terminó el ciclo recordaron que aún estaban ahí las monedas escondidas y recomenzaron la búsqueda. Tuvieron que escarbar por varias semanas a cuarenta centímetros de profundidad. No encontraron nada. Pero el terreno quedó blando, listo para recibir nuevas semillas, y volvieron a sembrar. Tuvieron buena producción y ganaron dinero otra vez.

Los jóvenes buscaron el tesoro de su padre cada año. ¡Y al fin lo encontraron!

Aprendieron la ley de productividad.

Para ganar premios, hay que luchar por ellos.

Los buenos pagos se logran sólo con esfuerzo arduo.

Este principio, sin embargo, tiene un aspecto que está fuera del control humano. Queramos o no, existe un punto bajo en el ciclo (de "vacas flacas") y un punto alto (de "vacas gordas").

Veamos la historia bíblica que lo explica.

El faraón egipcio tuvo pesadillas.

Fueron tan intensas que se despertó sudando. Primero soñó con siete vacas gordas detrás de las cuales salieron siete vacas flacas que se comieron a las gordas.

Luego soñó siete bellas espigas que fueron comidas por siete horribles espigas quemadas.

El faraón, angustiado, mandó llamar a José quien tenía fama de saber interpretar los sueños. José le dijo:

> GEN 41,29 Van a venir siete años de mucha abundancia en todo Egipto, 30 y después vendrán siete años de gran escasez. Nadie se acordará de la abundancia que hubo en Egipto, porque la escasez arruinará al país. 31 Será tan grande la escasez, que no quedarán señales de la abundancia que antes hubo.... 35 Que junten todo el trigo de los buenos años que vienen; que lo pongan en un lugar bajo el control de Su Majestad, y que lo guarden en las ciudades para alimentar a la gente. 36 Así el trigo quedará guardado para el país, para que la gente no muera de hambre durante los siete años de escasez que habrá en Egipto. (DHH)

El pasaje anterior nos confirma ese fenómeno natural que se repite continuamente.

> **Tiempos de abundancia y de escasez**.
> Ocurre en la bolsa de valores. En la política. En las relaciones diplomáticas. En las familias. En mi bolsillo y en el de usted.

Todo es cíclico.

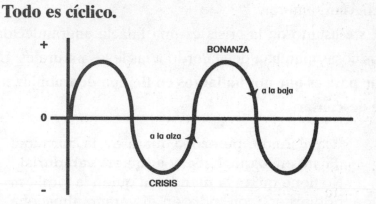

No se preocupe ni se desespere.

Sólo comprenda que los ciclos tienen inicio y fin.

Si siente que el agua le llega al cuello, quizá está en la parte baja del ciclo. No se niegue a aceptarlo. ¡Claro, que le gustaría gastar dinero, cambiar de auto e irse de vacaciones por el mundo! Después de todo, se lo merece. Pero deténgase a tiempo. No haga lo que muchas personas: Apenas empiezan a hundirse, se tiran un clavado para hundirse más. ¿Cómo? En momentos difíciles duermen mucho, no hacen ejercicio, piden permisos, se van de fiesta, usan sus tarjetas de crédito sin discriminación, adquieren juguetes o lujos.

Hace poco hubo días de asueto.

Aeropuertos y centros comerciales estaban congestionados. El comentarista de noticias decía: "Se supone que no hay dinero, ¿cómo es que tanta gente se encuentra viajando y gastando?"

En épocas difíciles muchos venden las semillas que deberían sembrar.

Este asunto de la crisis es una falacia engrandecida. Las cosas marchan de acuerdo a las leyes naturales. **Lo que pasa es que nos hallamos en tiempo de trabajar, no de descansar**.

> PROV 6, 6 ¡Anda, perezoso, fíjate en la hormiga! ¡Fíjate en lo que hace, y adquiere sabiduría! 7 No tiene quien la mande, ni quien la vigile ni gobierne; 8 con todo, en el verano almacena provisiones y durante la cosecha recoge alimentos. 9 Perezoso, ¿cuánto tiempo más seguirás acostado? ¿Cuándo despertarás de tu sueño? 10 Un corto sueño, una breve siesta, un pequeño descanso, cruzado de brazos... 11 ¡y te asaltará la pobreza como un bandido, y la escasez como un hombre armado! (NVI)

Después de un periodo de trabajo intenso, viene una época de esplendor y abundancia. Pasando ese tiempo, el ciclo comienza de nuevo.

Cristóbal Colón sufrió muchas vicisitudes.
Antes de llegar a América atravesó varias tormentas. En una ocasión llovió de manera copiosa durante días; las

carabelas se mecían como corchos a la deriva. Por si fuera poco, la tripulación se había rebelado y no quería cooperar. Pero el capitán estaba convencido de su misión. Él mismo tomó escoba, trapeador y herramienta para arreglar los desperfectos que causaba la lluvia. Algunos se rieron de él, pero Colón les dijo: "Éste es *nuestro* barco y nadie va a abandonarlo; tenemos un cometido y aunque pasemos por momentos enojosos, seguiremos trabajando". Los marinos lo vieron tan comprometido que poco a poco se fueron uniendo a él otra vez.

¿Cuál es su barco?

¿A qué sitios pertenece? (familia, empresa, ciudad, país)… ¡Usted no puede saltar al agua, sólo porque hay tormenta! Tarde o temprano el mal tiempo pasará, e iniciará un nuevo ciclo. El de la tranquilidad. El de vacas gordas. Por lo pronto ¡no desprecie el trabajo que tiene! ¡No deje todo botado sólo porque cree que lo han tratado mal! ¡No se haga el sufrido ni el ofendido!

Divida su existencia en tres áreas básicas.

1.   Afectiva.
2.   De trabajo.
3.   Física.

Si estamos en la parte más baja del ciclo afectivo, quizá peleemos con todos, nos sintamos apartados de la Fuente de Amor, confundidos, con poca fe, lejos de la gente que amamos, solos o incomprendidos. Si el ciclo menguante es el del trabajo, quizá percibamos insatisfacción laboral, que el dinero no nos alcanza, y que los problemas derivados del trabajo son insoportables. Si estamos abajo en el área física, quizá tengamos dolencias, enfermedades, sedentarismo, o un incremento en los malos hábitos.

Ahora analice este fenómeno:

Es muy difícil que todas nuestras áreas estén arriba al mismo tiempo. Por lo regular siempre hay alguna en lo alto, otra subiendo y otra abajo.

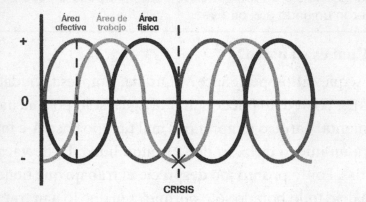

Ciertas personas dicen: *Toda la vida he estado en crisis; cuando no es una cosa es otra.* Mentira. Lo que ocurre es simple: Ponen demasiada atención en los puntos bajos de cada ciclo. Los hacen absolutos. No entienden que todo pasa y jamás observan las áreas que van bien. Sólo piensan en lo malo, y con la mente enfocada en ello, gritan, insultan, renuncian, se divorcian o tratan de suicidarse.

Identifique los ciclos de cada área y no tome decisiones destructivas si están abajo.

Al momento de ahorrar no se gasta. Al momento de preparar la tierra para el cultivo, no se venden las semillas.

Cuando las cosas vayan mal, trabaje el doble, afine su disciplina y espere que el ciclo suba. Cuando las cosas vayan bien, haga lo que la hormiga de Proverbios. En el verano (bonanza), almacena provisiones.

Si lo hace así, sus ciclos se harán más largos y las caídas mucho menos pronunciadas.

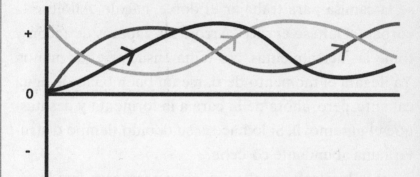

Observe cómo las crisis en esta gráfica no son graves. Incluso los puntos bajos están en la parte alta. A esto debemos aspirar.

Identifique el tiempo del ciclo y dígaselo muy claro:

EC 3,1 Hay bajo el sol un momento para todo, y un tiempo para hacer cada cosa: ² Tiempo para nacer, y tiempo para morir; tiempo para plantar, y tiempo para arrancar lo plantado; ⁵ tiempo para lanzar piedras y tiempo para recogerlas; tiempo para los abrazos y tiempo para abstenerse de ellos... (BL)

Éste es el principio:

**Las crisis ocurren en la parte baja del ciclo productivo.
Es cuando más requerimos sembrar,
si deseamos obtener buenas cosechas en la parte alta.**

Al pasar por momentos en los que debe arremangarse la camisa para trabajar el doble, hágalo. Aflójese la corbata. Quítese el saco. Arroje los zapatos de tacón y tome las herramientas. No tema ensuciarse las manos. Ya llegará el momento de darse un buen baño de agua caliente, pero, ahora dé la cara a la tormenta y desatasque el automóvil. Si lo hace, a su debido tiempo disfrutará una abundante cosecha.

Así lo hicieron aquellos jóvenes perezosos que heredaron de su padre el rancho de cultivo. Jamás encontraron las monedas de oro. Pero sí las que su papá les dejó. Otras mucho más valiosas. Las del trabajo honesto.

Ellos aprendieron a remover la tierra con sus propias manos y a sembrar semillas para propiciar el inicio del ciclo de productividad cada año.

Eso los llevó a la cumbre.

PRINCIPIO 7
Ser persistente

Para ganar en momentos difíciles necesitamos enfocar nuestras energías. La persistencia es lo único que nos ayudará a entrar por la puerta estrecha, y seguir el camino hacia la cima.

Teresa se disponía a viajar hacia Darjeeling para integrarse a un retiro espiritual. Esa mañana, al caminar por la estación del tren, tuvo que esquivar a miles de moribundos pidiendo limosna. Sus compañeras le decían: "no los veas, no puedes hacer nada por ellos". Teresa miraba el conjunto. Al fondo, el enorme tren a punto de partir; a los lados, cientos de colores, voces y lamentos de indigentes. Entonces, una voz sobresalió de entre la multitud.

—Tengo sed…

Fue tan clara y suplicante que Teresa volvió su rostro y observó al mendigo con atención. Enfocó todos sus sentidos en él. Los labios secos, la cara llagada, los ojos deshidratados, las manos torcidas; moscas alrededor…

Una de sus compañeras la jaló del brazo para que subiera al tren. Teresa se dejó llevar; tomó asiento y cerró los ojos. Siguió mirando en su mente al mendigo y escuchando una y otra vez la misma frase. *Tengo sed*.

De noche, en el tren, no pudo dormir, sólo pensaba en la parábola del juicio final, "Pues tuve hambre, y ustedes no me dieron de comer; tuve sed, y no me dieron de beber (Mat. 25,42 DHH)".

Entonces decidió dejar todo para ayudar a los pobres de Calcuta.

No era una decisión sencilla. Ella ostentaba el cargo de Directora en el Colegio St. Mary. También daba clases como profesora titular de varias materias. Había alcanzado reconocimiento y prestigio.

Tengo sed.

Ignoraba que por haber enfocado su atención en aquel pordiosero, se hallaba a punto de comenzar una larga y penosa travesía que, en efecto, la obligaría a dejar su orden religiosa, las comodidades y al apoyo del que gozaba.

Todas las cosas grandes comienzan así.

Enfocando la mente.

Pero vivimos desenfocados.

Estamos en plena junta de trabajo. Suena el celular. Pedimos disculpas. Lo contestamos. Alguien nos necesita en otro lado. Nos distraemos. La junta pierde importancia. Al terminar, salimos corriendo. Cuando llegamos al sitio, nos damos cuenta de que las cosas se han resuelto mal y hay que empezar de nuevo, pero no lo hacemos. Sólo protestamos y regañamos. Volvemos a la oficina; nos entretenemos con nimiedades. Termina la jornada. Llegamos a casa. Todos tienen su propia agenda. Tareas, trabajos, amigos, problemas. Nadie nos hace caso. Vamos a la computadora, queremos trabajar (ahora sí), pero nos distraemos oyendo música y viendo videos.

¡El negocio va mal porque no lo atendemos!

¡Nuestra familia está desunida porque no somos creativos para convivir! ¡Las inversiones van a la baja porque no las estudiamos!

Realizamos múltiples actividades sin progresar en ninguna, pues no tenemos claridad en nuestras prioridades. Hay quienes incluso juegan a la hora del trabajo.

Persistir es enfocarse, y mantenerse firmes.

Existe un pasaje muy claro al respecto. Se refiere a los dos caminos posibles para ir hacia lo que nos espera después de la muerte, pero el precepto es legítimamente aplicable a nuestro estilo de vida general.

> **MAT 7,13** Entrad por la entrada estrecha; porque ancha es la entrada y espacioso el camino que lleva a la perdición, y son muchos los que entran por ella; [14] mas ¡qué estrecha la entrada y qué angosto el camino que lleva a la Vida!; y poco son los que lo encuentran. (JER)

Pasar por la puerta estrecha exige aprovechar el tiempo de verdad, renunciar a comodidades, dejar amigos inconvenientes, no postergar, y enfocar nuestra mente en lo importante. En otras palabras, *ser persistente*.

La puerta estrecha es como un duro cascarón.

Necesitamos romperlo para lograr las metas más elevadas.

Mary nos lo puede explicar mejor.

Ella tenía dos patos. Macho y hembra.

Un día, descubrió que la pata había dejado un nido con cuatro huevos a punto de reventar. Mary llamó a sus hermanos y tuvieron la fortuna de presenciar cómo nacían tres patitos. Fue interesante verlos luchar hasta quedar exhaustos, rompiendo el cascarón. Tardaron mucho, pero al fin lo lograron. Sólo el cuarto huevo permaneció inmóvil, con una pequeñísima fisura. El patito que estaba dentro parecía demasiado débil para lograr la hazaña. Mary y sus hermanitos decidieron ayudarle. Cuidadosamente hendieron el cascarón con un cuchillo y lo liberaron. A los pocos días los tres primeros estaban sanos, corriendo por el jardín. El cuarto había muerto. Los patitos que se ejercitaron (y sufrieron) en la lucha por traspasar "la puerta estrecha" se fortalecieron; lograron madurar lo necesario para vivir. Por el contrario, el que fue pasado "por la puerta ancha", no tuvo que esforzarse y perdió la oportunidad de madurar. Así que murió.

Sin lugar a dudas, las calamidades nos fortalecen.

José, el personaje bíblico que mencionamos en el capítulo anterior, fue traicionado por sus hermanos, vendido como esclavo, difamado y encarcelado por una mujer insidiosa. Sufrió problemas atroces que hicieron las veces de un duro cascarón. Tuvo que fortalecerse en la adversidad para convertirse en el líder que salvaría a Egipto y a su propia familia de la destrucción.

Aplicar el principio de persistencia es "dar la milla extra". Cuando todos bajan el ritmo, nosotros hacemos otro poco. Dedicamos cinco minutos más cada día. Realizamos un pequeño esfuerzo adicional. Ponemos una cereza al pastel. Brindamos un valor agregado a nuestro servicio. Sólo quienes entran por ese sitio que exige interés, vigilancia, sacrificio y asiduidad, alcanzan metas superiores.

¡Así que menos lágrimas y más acción!

Rompamos la barrera de la pereza.

Hay que progresar de manera inconmovible, es decir sin dar gritos y berridos, sino siendo persistentes; sabiendo que todo lo que hagamos, además de darnos la satisfacción de haber cumplido, se nos revertirá para bien. Es decir, *no será en vano.*

> **1 COR 15 58** Así pues, hermanos míos amados, manteneos firmes, inconmovibles, progresando siempre en la obra del Señor, conscientes de que vuestro trabajo no es vano en el Señor. (JER)

Repasemos el principio.

Para ganar en momentos difíciles necesitamos enfocar nuestras energías. La persistencia es lo único que nos ayudará a entrar por la puerta estrecha, y seguir el camino hacia la cima.

Quien se esfuerza más, obtendrá más.

Alguien dijo que la Biblia promulga que todos recibamos lo mismo por igual (el mismo dinero, los mismos premios), no importando los méritos de cada uno, pues todos somos hijos de Dios. Quizá quien lo dijo, no la había leído.

En el Libro se habla claro de las coronas y recompensas que nos serán dadas por nuestros esfuerzos. No todos recibiremos lo mismo.

¿Por qué no le echamos un ojo a lo que dice respecto a quienes *no quieren* trabajar?

> **2 TS 3, 6** Hermanos, en el nombre del Señor Jesucristo les ordenamos que se aparten de todo hermano que esté viviendo como un vago y no según las enseñanzas recibidas de nosotros. [7] Ustedes mismos saben cómo deben seguir nuestro ejemplo. Nosotros no vivimos

como ociosos entre ustedes, [8] ni comimos el pan de nadie sin pagarlo. Al contrario, día y noche trabajamos arduamente y sin descanso para no ser una carga a ninguno de ustedes.// [10] Porque incluso cuando estábamos con ustedes, les ordenamos: **«El que no quiera trabajar, que tampoco coma.»** (NVI)

Parafraseando, el pasaje le recomienda: Apártese de amigos vagos; usted es líder y los líderes jamás dan un ejemplo de ociosidad. Trabaje sin descanso para ganarse el derecho a comer, y si alguien no quiere trabajar, que tampoco coma.

En el mundo no todos pueden tener lo mismo porque no todos trabajan por igual.

La mayoría de la gente elige la puerta ancha con camino espacioso que conduce a la destrucción.

Trabajar es un privilegio.

Ahora analicemos el lado opuesto de la misma moneda. Es necesario hacerlo justo aquí para no perder el equilibrio del principio.

¿Qué sucede cuando la persona *quiere* trabajar y no se le permite? ¿Cuando su inactividad se debe a enfermedad, desnutrición o desgracia?

No use el dedo acusador para decirle a un indigente "ocioso"; mejor vea los dedos flexionados hacia usted para decirse "trabaja el doble y ayuda".

Pobreza y riqueza ajenas no deben juzgarse sin analizar *la causa*.

La mayoría de mendigos en países muy pobres no pueden trabajar. Aunque quieran.

Viven en una cultura que no brinda oportunidades a personas de "castas inferiores". Pero la Madre Teresa se enfocó en asistirlos. Aunque les decían "intocables", ella los tocó. Aunque otros pensaban que era "de mala suerte" ir en contra de los *designios del karma* ayudando a gente humilde, ella aplicó **principios bíblicos**. Transitó un camino estrecho hasta el ahogo, y realizó un trabajo arduo hasta la extenuación. Fue expulsada de su orden religiosa, atacada por políticos, repudiada por civiles, pero se mantuvo firme, inconmovible, consciente de que a la larga su trabajo no sería en vano. Estas frases se le atribuyen:

El amor, para que sea auténtico, debe costarnos.

Hay que dar hasta que duela. Y cuando duela, hay que dar todavía más.

Para que una lámpara de aceite siga dando luz, no podemos dejar de ponerle aceite.

Cada obra de amor, llevada a cabo con todo el corazón, siempre logrará acercar a la gente a Dios.

No puedo dejar de trabajar. Descansaré en la eternidad.

En todas las casas para desahuciados, niños, leprosos, ancianos, indigentes que la Madre Teresa fundó, hay una frase grabada en la entrada que representa el móvil de su compromiso; punto en el que se enfocó para entrar por la puerta estrecha.

La inscripción tiene sólo dos palabras:

Tengo sed.

PRINCIPIO 8
Expandirnos

Si queremos crecer cuando las cosas van mal, debemos incrementar nuestros niveles de estrategia, planeación y estudio. Después, simplemente atrevernos a más.

Los hermanos Maurice y Richard deseaban expandirse. No estaban dispuestos a limitarse. Era el año de 1935. Rentaron un viejo teatro en Hollywood y fracasaron administrándolo. Pero siguieron intentando otros negocios. Con escasos recursos, pusieron un restaurante para automovilistas. El concepto era nuevo. Enviaban a los meseros a tomar órdenes al estacionamiento y servían la comida en los autos. Tuvieron mucho éxito. Sabían que podían expandirse más. Así que bajaron sus costos y apostaron a vender mayores cantidades. Invitaron a los clientes para que entraran a pie al restaurante, prometiendo servirles la comida sólo treinta segundos después de que la ordenaran. Para ello, crearon un sistema de ensamblaje alimentario que permitía la preparación de hamburguesas y malteadas a toda velocidad. Maurice y Richard McDonald´s habían ideado el concepto de comida rápida.

Quienes crean franquicias, empresas, conceptos exitosos o familias fuertes, tienen un *programa mental de expansión*. Son creativos. No se dejan intimidar por crisis o temores; piensan, sueñan, imaginan. Desean abarcar más terreno, tener más ventas, más logros. Han comprendido algo:

La ley básica de crecimiento.

Para expandirnos, necesitamos:

1. Estudiar, aprender, investigar, planear.
2. Crear un sistema que funcione solo.
3. Invitar a otras personas a unirse al sueño y seguir el sistema.

Lo dice la Biblia.

En Génesis 32 hay un ejemplo de estrategia, planeación y trabajo para ganar apoyo.

Jacob había engañado a su hermano Esaú. Demasiado tarde, se dio cuenta del error. Ahora Esaú se aproximaba furioso, para vengarse, acompañado de cuatrocientos hombres. Jacob estuvo pensando qué hacer. Analizó las opciones. Como en verdad estaba arrepentido, decidió darle grandes regalos a su hermano para recuperar su confianza. Incluyó a otras personas en el plan, y trabajó a solas para que las cosas funcionaran.

GEN 32, 7 Al oír esto, Jacob tuvo mucho miedo y se quedó muy preocupado. Dividió entonces en dos grupos la gente que estaba con él, y también las ovejas, vacas y camellos, 8pues pensó: "Si Esaú viene contra un grupo y lo ataca, el otro grupo podrá escapar." 9Luego comenzó a orar: "Señor, Dios de mi abuelo Abraham y de mi padre Isaac, que me dijiste que regresara a mi tierra y a mis parientes, y que harías que me fuera bien: 10 no merezco la bondad y fidelidad con que me has tratado. Yo crucé este río Jordán sin llevar nada más que mi bastón, y ahora he llegado a tener dos campamentos. 11 ¡Por favor, sálvame de las manos de mi hermano Esaú! Tengo miedo de que venga a atacarme y mate a las mujeres y a los niños...// 13 Aquella noche Jacob durmió allí, y de lo que tenía a la mano escogió regalos para su hermano Esaú: 14 doscientas cabras, veinte chivos, doscientas ovejas, veinte carneros, 15 treinta camellas recién paridas, con sus crías, cuarenta vacas, diez novillos, veinte asnas y diez asnos.16 Luego les entregó a sus siervos cada manada por separado, y les dijo: "Adelántense, y guarden alguna distancia entre manada y manada". 17 Al primero que envió, le ordenó: "Cuando te encuentre mi hermano Esaú, y te pregunte quién es tu amo, a dónde vas y de quién son los animales que llevas, 18 contéstale: 'Es un regalo para usted, mi señor Esaú, de parte de Jacob, su servidor. Por cierto que él mismo viene detrás de nosotros.'". (DHH)

Observe que Jacob realizó toda una planeación (estudió, investigó, reflexionó). Pero no se olvidó de los *principios* (buscó a Dios primero, se doblegó, aceptó la realidad, fue persistente). Entonces ideó un sistema que no podía fallar para persuadir a su hermano e insistió en reconciliarse con él.

Todo le salió bien, e incluso (si va al Libro y continúa leyendo, verá), hizo un plan más sofisticado aún: logró que Dios mismo lo tocara y le diera su beneplácito. Pero no fue fácil. Tuvo que pasar muchas horas a solas, usando su mente al máximo. En términos campiranos, a eso se la llama, desde hace siglos, *afilar el hacha*.

Dos leñadores entraron a un concurso.

Uno joven y otro mayor. Ganaría el certamen quien lograra cortar más leña. El joven se caracterizaba por su fortaleza. El mayor por su mente estratégica.

Durante el concurso, el joven, miró a lo lejos a su contrincante. Lo descubrió sentado un par de veces. "Está descansando", supuso. Pero al final, el mayor ganó.

—¿Por qué? —protestó el joven—. Dos veces te vi reposando. No puedes haber cortado más leña que yo.

Entonces el otro aclaró:

—Cuando me viste sentado, no descansaba. Afilaba mi hacha…

En la tradición ancestral, afilar el hacha significa interrumpir el arduo trabajo para estudiar, leer, actualizarse, escuchar consejos…

Estamos demasiado ocupados y no consideramos importante aprender más. Después de todo sabemos lo suficiente y nuestros conocimientos nos han dado de comer durante años. Pero los tiempos cambian mientras nosotros hacemos lo mismo cada día.

Alguna vez compusimos una linda canción, escribimos un gran poema o ideamos un sistema que funcionaba de maravilla y desde entonces (qué tragedia), hemos venido componiendo canciones parecidas, poemas similares y sistemas repetitivos.

Nos convertimos en "piratas" de nosotros mismos.

Nos copiamos.

Somos incapaces de concebir nuevos proyectos, fórmulas originales. Y no es que no queramos hacerlo. Es que no podemos. *Nuestra hacha no tiene filo*.

Hemos descuidado la herramienta principal: El cerebro.

Hay médicos que no se actualizan y acaban por quedarse sin pacientes. Hay profesores que repiten las mismas cátedras cada ciclo escolar y pierden a sus alumnos. Hay personas, como usted o como yo, que compramos libros para adornar los anaqueles. ¡No los leemos! No aprendemos cosas nuevas. No nos esforzamos por adquirir lo único que verdaderamente puede sacarnos del atolladero: ¡sabiduría!

Lo hallamos una y otra vez:

PRO 4,5 ¡Busca la sabiduría! ¡Hazte inteligente! No olvides lo que te digo, no menosprecies mis palabras. 6 Si no abandonas la sabiduría, ésta te protegerá; ámala y velará por ti. 7 El principio de la sabiduría es correr tras ella; ¡busca la inteligencia a cambio de todo lo que tienes! 8 Elígela, te exaltará; apégate a ella, te honrará. 9 Pondrá en tu cabeza una magnífica diadema, te regalará una corona de gloria. (BL)

Cuando más difíciles se ven las cosas, más debemos estudiar.

No hay excusa.

Es momento de usar más *la cabeza* (y menos la fuerza bruta). Educarnos, tomar cursos, escuchar a gente sabia.

Usted y yo no fuimos creados para una vida mediocre. Podemos hacer más negocios. Idear más propuestas. Ensanchar nuestro territorio. Atrevernos a incursionar en nuevos proyectos. Arriesgar lo que tenemos por un mejor futuro. Sin dañar a otros. Para ayudarnos y ayudar.

Hay un pasaje bíblico (que es especialmente hermoso), en el que el Ser Supremo nos invita a expandirnos.

Léalo con atención.

ISA 54:2 Ensancha el espacio de tu carpa, y despliega las cortinas de tu morada. ¡No te limites! Alarga tus cuerdas y refuerza tus estacas. 3 Porque a derecha y a izquierda

> te extenderás; tu descendencia desalojará naciones, y poblará ciudades desoladas. // [13] El Señor mismo instruirá a todos tus hijos, y grande será su bienestar. (NVI)

Cualquier elucidación que podamos hacer respecto a los versos anteriores, jamás será tan bella y decisiva como los mismos versos. Son para usted y para mí, pero más que una invitación a los negocios fríos, parece como si Dios mismo nos tomara de la mano y nos dijera: *No temas. Yo voy contigo. Lleva a cabo lo más difícil, lo que otros consideren imposible. No te creé para que permanecieras en ese metro cuadrado al que te has confinado. Eres mucho más que eso. Ninguna crisis puede aprisionarte.* **Atrévete a más***. Rompe todas tus barreras.*

Si queremos crecer cuando las cosas van mal, debemos incrementar nuestros niveles de estrategia, planeación y estudio. Después, simplemente atrevernos a más.

El rencor es un lastre que impide el crecimiento.

Quienes, con razón o no, odian a otra persona o tienen resentimientos, están encadenados mental y espiritualmente. No podrán expandirse. Por eso, vale la pena hacer un análisis detallado de nuestras emociones más profundas.

Tal vez en primera instancia conteste que no le guarda rencor a nadie, pero si excava en sus recuerdos secretos, hallará personas de las que le gustaría vengarse o a quienes no les desea el bien. Esos sentimientos son *raíz de amargura* y lastre para su crecimiento.

> HEB 15,15 Mirad bien de que nadie deje de alcanzar la gracia de Dios; de que ninguna raíz de amargura, brotando, cause dificultades y por ella muchos sean contaminados (LBLA)

¡Perdone a su padre, madre, socio, hermano, pareja, vecino, colega!

No guarde rencor. Es la mejor estrategia para liberarse de ataduras.

Sólo si perdona estará en condiciones de crecer.

Después de perdonar, trabaje.

Trabaje mucho.

Pero recuerde que no basta actuar como topos, ciegos, escarbando sin parar.

Hoy, más que nunca, precisamos actuar con inteligencia.

Tal como hicieron los hermanos McDonald´s.

Y sobre todo, tal como hizo Ray Kroc.

Resulta que Maurice y Richard, creadores del concepto de comida rápida no tuvieron la capacidad de análisis para crecer más. Intentaron vender franquicias, pero no sabían como. Le decían a sus diez socios: "El nombre McDonald´s no significa nada en otros lugares; sólo es conocido en San Bernardino; así que apliquen nuestro sistema pero cambien el nombre a sus restaurantes".

A los hermanos les faltaba visión y estrategia... Entonces llegó Ray Kroc. Su proveedor de insumos para malteadas. Ray era un visionario con más capacidad de expansión, les compró el nombre y el sistema para crear un emporio que hoy en día cuenta con miles de restaurantes en casi todos los países del mundo.

> **REALICE UN INVENTARIO.**
> ¿Qué ha hecho hasta ahora?
> Si contesta "suficiente", está envejeciendo.
> Si contesta "poco en comparación de lo que aún me falta por hacer", está hablando el lenguaje del Creador.

Julián decía que podía vivir con poco. Aseguraba que no deseaba meterse en problemas o trabajar en exceso sólo para dar comodidades a otros (hijos, hermanos, padres, pareja, amigos). Julián decía que tarde o temprano todos abusan de las personas trabajadoras. Pensaba que cada uno debía buscar su bienestar. En cierto modo, su razonamiento era lógico. Pero sobre todo *cómodo*. Le permitía vivir una vida mediocre. Le bastaba trabajar poco, ganar poco y consumir poco. Simplemente había decidido tener bajo perfil, pero también baja sustancia.

¿Para qué tener más?

La pregunta clave aquí es ésta: ¿Los seres humanos podemos hacer lo que queramos de nuestras vidas? ¿Es decir, somos soberanos absolutos para declararnos en huelga permanente o tendremos que rendir cuentas a Alguien?

¿Hasta dónde llega nuestra libertad de hacer o no hacer?

¿Moral, practica y bíblicamente es correcto deprimirnos por los problemas y autolimitarnos?

El siguiente principio (sobre producir fruto) nos dará la respuesta. Hallaremos que crecer no es sólo una invitación amable de Dios. Es una orden tajante. Ineludible. Ya lo veremos.

Por lo pronto quedémonos con esta bella exhortación. Otra vez:

Ensancha el espacio de tu carpa. ¡No te limites! Alarga tus cuerdas. Extiéndete a derecha e izquierda. Dios instruirá a tus hijos, y grande será su bienestar.

Sin presumir su posición actual (pero incluso gracias a ella) usted puede y debe atreverse a hacer cosas nuevas, más grandes y mejores. Estudiar, aprender, investigar, planear; crear otros sistemas que funcionen e invitar a gente a unírsele.

No caiga en avaricia ni tome decisiones impulsivas, pero arriésguese con medida.

Libérese del rencor, y ensanche el espacio de su carpa. No se limite. Si lo hace, *Dios mismo instruirá a sus hijos y grande será su bienestar.*

TERCERA PARTE

Principios de generosidad

El mensaje central de la Biblia es el amor.

El amor siempre desea el bien ajeno.

Paradójicamente, para superar la adversidad, debemos ser más generosos.

Los 4 *principios de generosidad* nos enseñan que:

1. Fuimos creados para dar fruto.

2. Sólo brindando utilidades a otros, podemos ganar.

3. Estamos llamados a replantear nuestras metas enfocándonos al servicio.

4. Si somos generosos y honestos, todo lo que pidamos en oración nos será concedido.

PRINCIPIO 9
Producir fruto

Aún en la adversidad debemos ocuparnos de dar fruto. Existimos para eso. Si lo hacemos, recibiremos doble recompensa. Si no, habremos vivido en vano.

*U*n grupo muy entusiasta se hallaba situado en la salida del aeropuerto internacional. Traían cartelones con el nombre de Tony.

Bienvenido, te queremos, eres un campeón...

Nena, quien se había incorporado recientemente al equipo da la policlínica, le dijo a Ruth:

—Estoy ansiosa de conocer a Tony. Todo el mundo habla de él. Dicen que es un niño muy especial.

—Sí. Nadie se explica lo que le sucedió. Pasó por un transplante pancreático y renal. Después hepático. Su cuerpo rechazó el primero. Estuvo al filo de la muerte durante meses. El corazón también le falló. Pero de pronto, y sin tener las condiciones indispensables para vivir, comenzó a recuperarse. Volvió en sí. Tenía color en el rostro, gran sonrisa y charla amena. El niño es muy gracioso. Ya lo verás. Fue como si el agresivo síndrome que estaba destruyéndolo se volviese a su favor para sostenerlo por un tiempo más. Tony es un caso de estudio, pero el equipo médico llegó a la conclusión de que su inexplicable mejoría era sólo temporal. Entonces tu padre le consiguió un patrocinio para que viajara por todo el mundo, mientras pudiera hacerlo.

Nena Chérez se puso de puntitas, ansiosa, tratando de ver la puerta de llegadas entre toda la concurrencia. Después de unos minutos, al fin apareció Iris.

—¡Hola! —Ruth corrió a abrazarla—. Bienvenida. ¿Llegaron bien? ¿Dónde están Tony y tu esposo?

—El niño se desmayó en el avión. Miguel viene con él. Yo me adelanté para ver si te encontraba a ti o al señor Chérez y preguntarles si podemos ir al hospital.

—¡Claro! —Ruth hizo una presentación rápida— Iris, ella es Nena, la hija de José Chérez.

—Mucho gusto.

—¿Necesitas una ambulancia? —preguntó Nena—, ¿transporte especial?

—No, gracias. Tony ya está mejor. Sólo quiero que lo revisen.

A los pocos minutos iban todos en la camioneta. Manejaba Ruth; junto a ella, Nena. En los asientos de atrás Iris, Miguel y Tony. El niño parecía muy entusiasmado. En efecto era desenvuelto. No paraba de hablar.

—¡Amo a los elefantes! ¡En Chitwan montamos sobre ellos. ¡Cómo lo disfruté! Pero lo más increíble fue la tormenta. El río Rapiti se desbordó. Íbamos en un jeep. Casi nos ahogamos. ¿Verdad papá? Había relámpagos y el aguacero no nos dejaba ver. Llegaba lodo por todos lados. El agua se metió al coche. Nos atascamos. Casi nos lleva la corriente. No sé cómo salimos de ahí. ¡Fue increíble! ¿Verdad papá?

—Tranquilízate, hijo —sugirió Iris—, descansa un poco.

Pero Tony siguió hablando.

—Me dijeron que usted es hija del señor Chérez. Cuando lo vea le da las gracias de mi parte. Si yo llego a ser adulto me gustaría parecerme a él. Ayudaría a niños enfermos. Dicen que es mejor dar que recibir. Al menos es el lema de los boxeadores —rio a carcajadas—. Y yo quiero dar. Hasta ahora sólo he recibido.

—Cálmate, hijo —insistió Miguel—. Y déjame decirte algo. Tú, no sólo has recibido. A pesar de la enfermedad, siempre estás dando. Todos los días nos regalas entusiasmo, palabras alegres, motivos para reír. Los que te conocemos decimos lo mismo. Eres nuestra inspiración. ¡Una especie de arbolito que da fruto dulce y jugoso! ¿Recuerdas del peral el cuento que te platiqué? ¡Tú eres así!

Analice.

Había una higuera mezquina plantada frente a un peral. La higuera decía:

—¿Para qué das fruto? ¿No ves que es un trabajo inútil? Apenas tienes un brote, las personas llegan corriendo, te quitan cuanto produjiste, se lo comen o lo llevan a vender. ¡Te explotan! ¡Mírate! Por eso estás chaparro.

El peral alzó tímidamente la voz.

—Yo vivo para producir peras. Sé que no me sirven a mí, pero gozo viendo a otros disfrutándolas.

> LUC 13, 6 "Un hombre tenía una higuera plantada en su viñedo, y fue a ver si daba higos, pero no encontró ninguno. [7] Así que le dijo al hombre que cuidaba el viñedo: 'Mira, por tres años seguidos he venido a esta higuera en busca de fruto, pero nunca lo encuentro. Córtala, pues; ¿para qué ha de ocupar terreno inútilmente?' [8] Pero el que cuidaba el terreno le contestó: 'Señor, déjala todavía este año; voy a aflojarle la tierra y a echarle abono. [9] Con eso tal vez dará fruto; y si no, ya la cortarás.' " (DHH)

¿Para qué le sirve el fruto al árbol?

Pensemos: Genera semillas que permiten el nacimiento de *otros* árboles, es aprovechado por *otros* individuos, sin embargo al árbol no le beneficia dar frutos.

Hagamos un ejercicio lógico.

Premisa 1. El árbol existe para dar fruto.
Premisa 2. El fruto sólo sirve a los demás.

Conclusión. El árbol existe para servir a los demás…

Lo mismo nos sucede a las personas.

El *propósito* de nuestras vidas es realizar acciones que beneficien a otros.

¿QUÉ ES EL FRUTO HUMANO?

—**Recursos económicos**. En la medida que origine fuentes de trabajo, brinde seguridad y felicidad no sólo a nosotros sino a quienes nos rodean.

—**Obras** científicas, musicales, literarias, técnicas, artísticas capaces de causar deleite y beneficio a terceros.

—**Palabras** de aliento, inspiración, consuelo y enseñanza que fortalezcan o den solaz a otros.

—**Regalos**. Objetos o servicios que decidimos dar a alguien.

—**Trabajos**. Limpiar, organizar, sufragar, cuidar, ayudar…

—Cualquier otra actividad que nos permita dejar una huella positiva *en los demás*.

MAT 7, 16 **Por sus frutos los conoceréis. ¿Acaso se recogen uvas de los espinos o higos de los abrojos?//** [19] **Todo árbol que no da buen fruto, es cortado y arrojado al fuego.** [20] **Así que por sus frutos los reconoceréis.** (JER).

Un manzano lleno de manzanas es un buen manzano. Si da manzanas más grandes y jugosas será un mejor manzano.

La calidad del árbol frutal se mide en proporción directa a la calidad de su fruto.

Debemos "producir buen fruto" *en todo momento*.

Pero ¿Y si estoy enfermo?; ¿si me siento deprimido?; ¿si me acabo de cambiar de domicilio?; ¿si perdí mi empleo?; ¿si no tengo apoyo?, ¿si estoy en época de sequía?, ¿si me hallo en crisis?

¿La Biblia contempla excepciones?

> MAR 11, 12 Al día siguiente, cuando salían de Betania, Jesús sintió hambre. 13 De lejos vio una higuera que tenía hojas, y se acercó a ver si también tendría fruto, pero no encontró más que las hojas, porque no era tiempo de higos. 14 Entonces le dijo a la higuera: —¡Nunca más vuelva nadie a comer de tu fruto! Sus discípulos lo oyeron. // 20 A la mañana siguiente pasaron junto a la higuera, y vieron que se había secado de raíz. 21 Entonces Pedro, acordándose de lo sucedido, le dijo a Jesús: —Maestro, mira, la higuera que maldijiste se ha secado. (DHH)

La higuera se secó por las palabras que fueron proferidas sobre ella, pero también porque su existencia dejó de tener sentido. ¿Para qué vivir si no iba a poder cumplir el propósito para el que fue creada?

La historia parece un poco injusta. La higuera no tenía frutos *porque no era tiempo de higos*, pero las cosas sucedieron así para que las personas comprendiéramos esto: Debemos dar fruto todo el año. Sin excusas. Si nos negamos podemos ser susceptibles a una reprobación: "Que nadie tome fruto de ti".

Suena simple. Es terrible.

Imagine que acude con la persona que más ama y le dice:

—Vengo a darte un regalo. También quiero acompañarte, ayudarte, aconsejarte, brindarte mi cariño... Pero esa persona le contesta:

—No gracias. No quiero **nada de ti**. ¡Retírate!

Si nadie necesitara de usted, su vida dejará de tener sentido, porque usted vive para dar fruto.

La crisis de la que todos hablan es sólo un pretexto que seca vidas y mata corazones. No caiga en ese juego.

¿No es tiempo de higos?

Para usted y para mí siempre lo es.

Aún en la adversidad debemos ocuparnos de dar fruto. Existimos para eso. Si lo hacemos, recibiremos doble recompensa. Si no, habremos vivido en vano.

Alto. ¿Dice **doble recompensa**? ¿De dónde salió eso?

De otra famosa parábola:

> LUC 19,15 Él fue nombrado rey, y regresó a su país. Cuando llegó, mandó llamar a los empleados a quienes había entregado el dinero, para saber cuánto había ganado cada uno. 16 El primero se presentó y dijo: 'Señor, su dinero ha producido diez veces más.' 17 El rey le contestó: 'Muy bien; eres un buen empleado; ya que fuiste fiel en lo poco, te hago gobernador de diez pueblos.'

¹⁸ Se presentó otro y dijo: 'Señor, su dinero ha producido cinco veces más.' ¹⁹ También a éste le contestó: 'Tú serás gobernador de cinco pueblos.' ²⁰ "Pero otro se presentó diciendo: 'Señor, aquí está su dinero. Lo guardé en un pañuelo; ²¹ pues tuve miedo de usted, porque usted es un hombre duro, que recoge donde no entregó y cosecha donde no sembró.' ²² Entonces le dijo el rey: 'Empleado malo, con tus propias palabras te juzgo. Si sabías que soy un hombre duro, que recojo donde no entregué y cosecho donde no sembré, ²³ ¿por qué no llevaste mi dinero al banco, para devolvérmelo con los intereses a mi regreso a casa?' ²⁴ Y dijo a los que estaban allí: 'Quítenle el dinero y dénselo al que ganó diez veces más.' ²⁵ Ellos le dijeron: 'Señor, ¡pero si él ya tiene diez veces más!' ²⁶ El rey contestó: Pues les digo que al que tiene, se le dará más; pero al que no tiene, hasta lo poco que tiene se le quitará.' ^(DHH)

En la historia comprendemos que quien se dedica más, obtiene mayor rendimiento, pero también gana un premio *extra* por su iniciativa. Sucede lo mismo en sentido opuesto. Si nos negamos a producir fruto, obtenemos escaso rendimiento y como castigo se nos quita lo poco que nos queda.

JER 8, 13 "Cuando quiero cosechar —afirma el Señor—, no encuentro uvas en la viña, ni hay higos en la higuera; sus hojas están marchitas. ¡Voy, pues, a quitarles lo que les he dado!" (NVI)

Si usted cuenta con un cuerpo, una familia, un cerebro pensante… Si además se le ha permitido estudiar, aprender un oficio, adquirir experiencias y posee una plataforma de empleo, negocio o conocidos; se encuentra en la misma situación de los siervos del rey: Ha recibido un capital para invertir en él y hacerlo crecer.

Pero el capital no es suyo.

Dios lo ha puesto en sus manos durante el tiempo en que *él* no está físicamente frente a usted. Pero lo estará, y entonces le preguntará qué hizo con cuanto le dio a administrar.

Asegúrese de poder responder:

—Mis hijos son hombres de bien, hice feliz a mi pareja, produje recursos económicos con los que di trabajo y ayuda a mucha gente, realicé cada día actos de servicio, emprendí obras creativas que brindaron beneficios, y fortalecí el ánimo y el corazón de miles…

Entonces Dios responderá: *Siervo bueno y fiel. Te daré una recompensa tan grande como tu fruto.*

Que no nos suceda lo que a la higuera de la historia.

Soltó una carcajada. Dijo:

—¡Peral tonto! Hoy en día todo escasea. La luz solar, los minerales y el agua. Estamos en crisis. No es momento de producir para el consumo de otros… —y siguió burlándose, cuando llegó el dueño del jardín. Venía acompañado del jardinero quien cargaba herramienta para cortar y cavar. Sembraron, cerca, varios retoños frutales con gran potencial. Luego el propietario se acercó a la higuera perezosa y le dijo, cariñosamente:

—Si tú no quieres dar fruto, lo obtendré a través de otros. Nadie va a impedirme que logre mis planes. Pero siento tristeza por ti, pues fuiste dotada de capacidades únicas. El fruto que podrías haber dado era especial. Era único.

Cuando la higuera vio que iba a ser cortada, dejó de burlarse. La sabia bruta se le atoró en las hojas. Al fin pudo pasarla y se inclinó con el viento. El dueño del jardín le dio otra oportunidad. Ella sabía que debía aprovecharla.

PRINCIPIO 10
Brindar beneficios a otros

Para recibir mayores beneficios es preciso que amemos nuestro trabajo, y sirvamos a los demás con actitud amable, compartiendo generosamente nuestras ganancias.

Tony charló con gran entusiasmo, mientras iba camino al hospital, pero se sofocó. Luego llevó una mano a su pecho y abrió los ojos, asustado.

—¿Qué te pasa?

—Me duele mucho. Como nunca.

Nena llamó por teléfono al equipo de emergencias.

Cuando llegaron, Tony se había puesto pálido y débil. Todo sucedió muy rápido. Un grupo de médicos ya estaba esperándolo. Lo pusieron sobre la camilla y corrieron a su lado.

—¡Tiene una obstrucción ventricular! ¡Hay paro respiratorio!

Con gran habilidad los doctores aplicaron procedimientos específicos. Después de unos minutos lograron estabilizarlo. Lo llevaron a una habitación cerrada para observarlo. Sus padres estaban con él.

Ruth y Nena se quedaron solas después de observar el drama. Deambularon por los pasillos y al final fueron a sus oficinas. Pero no lograron concentrarse en el trabajo. Volvieron a encontrarse en la máquina de café. Se miraron. Nena comentó:

—Por lo visto, no vamos a poder hacerle a Tony la fiesta de bienvenida que teníamos planeada.

—Así es —Ruth buscó nerviosamente en su bolso las llaves del auto y dijo—. Voy al restaurante para cancelar.

—Te acompaño.

Lo que Ruth deseaba era, en realidad, tomar aire. Estar sola, volver a la Fuente de Sabiduría para tratar de entender qué estaba sucediendo, pero su nueva amiga, Nena, caminó junto a ella hacia la calle.

—Es un niño fabuloso. Me apenaría mucho que falleciera.

—Sí —contestó Ruth—. Sin embargo, Tony no tiene páncreas y su corazón funciona de milagro. Pudo haber muerto hace dos años. ¡Yo vi su expediente! Se recuperó en contra de los pronósticos. ¿Por qué? Nadie lo sabe.

Llegaron al restaurante y bajaron del auto.

—Buenas tardes, ¿se encuentra el señor Sebastián Martínez?

—Él no trabajó hoy —respondió el administrador—, ¿para qué lo quieren?

—Venimos a cancelar una reservación. Aquí está el recibo del anticipo que le dimos.

—Ah, ya veo. Ustedes habían solicitado una cena privada para treinta personas mañana por la noche. Lo siento. No puedo devolverles su dinero.

—¿Por qué? Nuestro amigo Sebastián, sugirió que dejáramos el cincuenta por ciento para apartar las mesas, pero aseguró que en caso de cancelar, nos devolvería el dinero.

—Sebastián es sólo un capitán de meseros. No está enterado de nuestras políticas. Además, falta sólo un día para el evento.

—¿Cuál evento? Era una cena, nada más. Nuestra mesa puede ser ocupada por otros clientes y la comida de mañana todavía no la preparan. Supongo.

—Ese no es el problema, señora; dinero que entra a la tesorería del restaurante no puede ser devuelto *por ningún motivo*.

—¿Aunque ustedes no tengan el platillo o el cliente no quiera el servicio?

—Así es. La próxima vez asegúrese de saber bien la fecha antes de reservar.

Ruth resopló. Si fuera factible que a la gente le saliera humo por las orejas, ella habría parecido chimenea. Dio la vuelta y salió a la calle. Nena se quedó explicándole al gerente que deseaban cancelar porque el festejado estaba gravemente enfermo. El sujeto siguió negando, encogiéndose de hombros.

Ruth marcó su teléfono celular. Casi de inmediato, contestó Sebastián.

—Hola. ¿Dónde estás?

—Voy rumbo al aeropuerto para recibir a Tony.

—¡Tony llegó hace dos horas!

—¿Cómo? ¡Caray! ¿Tengo mal los datos del vuelo?

—Supongo. El niño se puso grave. Lo tienen en observación. Estoy en el restaurante donde trabajas. Vine a cancelar la cena de bienvenida para Tony, pero tu gerente no me quiere devolver el anticipo.

—¡Mi gerente es un patán! No sabes cómo he sufrido con él. La vida me ha devuelto mal por mal, porque yo era así ¿te acuerdas? ¿Quieres convencerlo? ¡Amenázalo! Grítale. Dile que lo vas a demandar. Trae a la policía. Es lo único que funciona con él.

—¿Me devolverá el dinero si le armo un escándalo?

—Sí, seguro...

Muchas personas déspotas sólo reaccionan con agresividad.

Pero cometen un grave error, porque la única forma de hacer buenos negocios hoy en día es *siendo amable*.

> FIL 4,5 Que su amabilidad sea evidente a todos.
> El Señor está cerca. (NVI)

Este es el aforismo tácito de todo servicio: *Me tratas mal, te pago menos. Me tratas bien, te pago más.*

La amabilidad se cotiza alto.

> PROV 11,17 El que es bondadoso se beneficia a sí mismo; el que es cruel, a sí mismo se perjudica. (NVI)

Recibimos beneficios en función directa a lo que damos.

La palabra *sembrar* tiene dos connotaciones: Se usa como sinónimo de *trabajar* (ya lo analizamos) pero también como sinónimo de *dar*. Ahora estudiaremos esta segunda aplicación.

Si queremos cosechar (dinero premios o beneficios), debemos sembrar *dando* algo por anticipado.

> 2 CO 9,6 Acuérdense de esto: El que siembra poco, poco cosecha; el que siembra mucho, mucho cosecha. 7 Cada uno debe dar según lo que haya decidido en su corazón, y no de mala gana o a la fuerza, porque Dios ama al que da con alegría. (DHH)

Ante problemas, sólo pensamos en nosotros mismos. *Yo necesito… Yo sufro… Yo estoy en aprietos.*

(Yo, yo, yo, yo, yo).

Me hace falta. ¿Me echas la mano? ¿Me prestas dinero? ¿Me das permiso de faltar?

(Me, me, me, me, me).

El egocentrismo en el que caemos durante momentos difíciles nos aísla del mundo, nos convierte en indigentes espirituales, pordioseros de favores, ladrones de tiempo y dinero ajenos.

La crisis se vuelve real cuando estiramos la mano para mendigar que todos nos ayuden. Eso nos hunde de verdad, porque las personas, por instinto se alejan de nosotros. Nadie quiere ser socio de un necesitado crónico. Los patrones prefieren deshacerse de empleados cuya única especialidad es PEDIR (dinero, aumentos, permisos, prestaciones).

> Quienes están en crisis, piden, no dan. Por eso cada día se hunden más.

Para lograr que la gente nos remunere mejor, debemos hacer exactamente lo contrario de pedir.

Si usted piensa en las necesidades ajenas y trabaja para ayudar a otros a suplirlas, activará un mecanismo prodigioso que, a la larga, le brindará grandes recompensas.

> Así funcionan nuestras finanzas diarias.
>
> La cantidad de dinero en que se tasa el trabajo o el servicio de una persona, está ligada directamente con su capacidad para generar utilidades, comodidades o satisfacciones a otras personas.

Si queremos ganar más, debemos estar dispuestos a dar más (trabajo, servicio, calidad) de manera espontánea.

No hay posibilidad de trampa en esta ley. Sólo el que da, recibe.

> GAL 6,7 No os engañéis; de Dios nadie se burla. Lo que el hombre sembrare, eso cosechará. (N-C)

Además, se nos pide hacer el bien con ánimo para que a la larga recibamos beneficios.

> GAL 6,8 Así que no debemos cansarnos de hacer el bien; porque si no nos desanimamos, a su debido tiempo cosecharemos. (DHH)

La prosperidad personal depende de qué tan sabios seamos para generar prosperidad a otros. Siempre siguiendo la regla de oro:

> MAT 7,12 "Así pues, hagan ustedes con los demás como quieran que los demás hagan con ustedes; porque en eso se resumen la ley y los profetas. (DHH)

Un hombre iba con su esposa en el auto, diciendo majaderías. Hablando de suciedades y escupiendo su odio por toda la humanidad. De pronto, se quedó callado y ella lo observó. Asustada percibió que cada vez sentía menos atracción por su marido.

Él no se daba cuenta que, si queremos tener ganancias, tanto en los negocios, como en las relaciones interpersonales, debemos ofrecer calidad, trato amable, servicio extraordinario.

¿Alguna vez (como Ruth), solicitó la devolución de su dinero por un producto que no le satisfizo?

¿Un empleado altanero, le puso trabas y hasta lo maltrató?

¿Recuerda lo desagradable que fue discutir para defender sus derechos? Al final, quizá usted tuvo que portarse con agresividad para logar lo que pedía, y no pudo evitar pensar después: *Qué mal rato pasé. No quiero regresar a esta tienda jamás; voy a desacreditarla.*

El principio es de aplastante sentido común.

Si de todas maneras va a trabajar ahí, hágalo de buena gana.

Si pertenece a esa familia o a ese grupo social, asegúrese de que todos vean en usted siempre una actitud cooperativa, sonriente y entusiasta.

Puede tener muchos defectos, pero que nadie le diga: "haces las cosas con mal humor".

En el secreto de su mente, tome en cuenta que toda su labor directa o indirectamente la realiza para el Ser que le da oportunidad de vivir, trabajar y relacionarse con los demás.

COL 3, 23 Hagan lo que hagan, trabajen de buena gana, como para el Señor y no como para nadie en este mundo, 24 conscientes de que

> el Señor los recompensará con la herencia. Ustedes sirven a Cristo el Señor. ²⁵ El que hace el mal pagará por su propia maldad, y en esto no hay favoritismos. (NVI)

Con facilidad podemos perder la brújula y caer en apatía, por eso debemos permanecer alertas todo el tiempo, ser valientes, fuertes y hacer todo con amor.

Nuestra actitud hará la diferencia en la recompensa que hemos de recibir.

> 1CO 16,13 Manténganse despiertos y firmes en la fe. Tengan mucho valor y firmeza. ¹⁴ y todo lo que hagan, háganlo con amor. (DHH)

Este es el principio.

Para recibir mayores beneficios es preciso que amemos nuestro trabajo, y sirvamos a los demás con actitud amable, compartiendo generosamente nuestras ganancias.

Ruth entró de nuevo al restaurante, dispuesta a hacer un escándalo. No fue necesario. Nena estaba sentada, llorando.

—El gerente se burló de mí —comentó entre sollozos—. Me dijo que yo estaba inventando cuentos para salirme con la mía. Al final fue a la caja, sacó el dinero del anticipo y me lo aventó a la cara. ¿Lo puedes creer? No me habían tratado así en mucho tiempo. Si de todas maneras me iba a devolver el dinero, ¿qué le costaba ser amable? ¿Por qué no simplemente me sonrió y me recordó lo valioso que somos como clientes?

—No dejes que esto te afecte. Vámonos de aquí y no volvamos nunca.

PRINCIPIO 11
Reinventarnos para servir

La adversidad nos hace una invitación directa a renovar nuestra mente, replantear nuestros objetivos, y renacer al servicio.

---

*L*a muerte de Tony fue tan sorprendente como sus últimos dos años de vida. Tal cual si a un aparato eléctrico le hubiesen quitado la fuente de poder, el organismo del niño sufrió paro general de funciones. Por fortuna acaeció en dos etapas. Cuando llegaron del aeropuerto ocurrió la primera. Fue revivido con procedimientos de emergencia. El niño sabía que tenía poco tiempo. Sus padres también. No lucharon contra la ola del tsunami que veían venir. Sólo lo abrazaron y le dijeron frases bellas al oído. Él estaba acostumbrado a esa comunicación especial. Todas las noches, como familia, intercambiaban expresiones de cariño. Pero ahora el chico pidió algo inusual: *otros niños enfermos sufren mucho; ayúdenlos a ser felices como yo lo fui.*

Aunque Iris y Miguel, no entendieron la petición, dos días después hablaron de ella frente a un público *sui géneris*. Todos estaban de luto.

—Tony fue un niño muy especial —dijo Iris—. Hace apenas unas semanas estuvimos con él en medio de una terrible tormenta en Nepal. El señor Chérez nos regaló ese viaje. No tenemos cómo agradecerle. Aquella noche vivimos un grave problema. La inundación, los relámpagos y la lluvia fueron impresionantes. Nos encontrábamos dentro de una camioneta. Mi esposo y yo, aterrados, pensábamos que era el fin. ¡Pero Tony reía! ¡Estaba feliz, en la adversidad! ¡Soportando y disfrutando a la vez! ¡Sin perder el entusiasmo! Así fue su vida. Muchas veces Miguel y yo nos miramos a la cara, emocionados por la alegría del niño, a pesar de que siempre estuvo enfermo. En su corta vida nos dio mucho. Un fruto abundante y dulce. De hecho, creemos que Dios le regaló dos años de vida extra para que nosotros comprendiéramos algo… Y lo hicimos —la voz le flaqueó.

—Iris y yo —prosiguió Miguel con menos soltura—, hemos decidido fundar una organización para ayudar a niños con diagnóstico terminal —Miguel parecía agotado, pero aún lúcido; tosió un poco—. La confusión de las familias con niños desahuciados, muchas veces se vuelve desesperación y después hostilidad. Pocos saben cómo enfrentar el problema.

Miguel se detuvo. Iris prosiguió.

—Mi esposo y yo disfrutamos como locos durante esos doce años que se nos dio el privilegio de vivir junto a nuestro hijo. Y aprendimos. Ahora tenemos nuevos planes. Tony nos brindó la inspiración y el coraje para hacer cosas diferentes. Proyectos que jamás hubiéramos emprendido si no hubiera sido por él —de forma paradójica, Iris parecía más entera que su esposo, incluso tuvo ánimo para dar las gracias a José Chérez por haberles dado un espacio en su policlínica y cooperar con la Fundación; luego agregó—. ¿Ustedes sufren preocupaciones? Sin importar el tamaño de sus problemas les puedo asegurar que ninguno es peor que éste. Ver el féretro de un hijo... Ante algo tan terrible sólo nos quedan dos alternativas: morir de tristeza, o reinventarnos. Esto es, volver a nacer con nuevos motivos; hallar otros caminos y enfoques. Yo les digo: La vida tiene sentido, a pesar de lo que no entendemos.

Se escucharon los rechinidos de las poleas que bajarían el ataúd.

Sin adversidad, no habría progreso.

Los fundadores de AA fueron alcohólicos que después de perderlo todo se levantaron para ayudar a millones con su organización.

Los dirigentes de grupos que brindan apoyo de cualquier tipo, muchas veces surgieron de las peores fatalidades.

Eso es grandeza.

Sea grande.

Que los momentos difíciles le produzcan inspiración y no depresión.

Reinvéntese, renaciendo a nuevas ideas y replanteando sus metas.

Para no morir, *transfórmese*.

Vea este consejo:

> ROM 12,2 **No se amolden al mundo actual, sino sean transformados mediante la renovación de su mente. Así podrán comprobar cuál es la voluntad de Dios, buena, agradable y perfecta.** (NVI)

Renovar nuestra mente nos llevará a vivir circunstancias positivas, *a pesar de la adversidad*. Es una promesa maravillosa. Pero no sucederá a menos que la propiciemos.

Son tres pasos.

1. No se amolden al mundo actual.
2. Sino sean transformados mediante la renovación de su mente.
3. Así podrán comprobar cuál es la voluntad de Dios, buena, agradable y perfecta.

Analicemos el primero.

Usted se amolda al mundo cuando entra al juego de consumismo, presunción, negativismo y mentira.

Miles de personas que quieren desesperadamente ser populares se hacen cirugías plásticas, practican dietas de choque, caen en anorexia, bulimia, falsedad; ostentan lo que no tienen, consumen droga con sus amigos, tienen sexo irresponsable y hasta cometen actos de vandalismo. Así se amoldan al mundo.

Amoldarse al mundo significa sobreestimar la opinión ajena. Imitar. Hacer lo que otros. El primer paso es un mandato de negación: *no haga eso*.

El segundo...

Transformarnos mediante la renovación mental, significa estar dispuestos a romper paradigmas y aceptar ideas nuevas.

Todo cambia a pasos gigantes. Usted no puede quedarse atrás. Sin importar cuál sea su especialidad, hoy tiene una nueva asignatura de aprendizaje continuo: *Tecnología*. Esté a la vanguardia. Esfuércese por conocer todos los trucos de aparatos nuevos, sistemas informáticos, medios de comunicación global... **renueve** su mente. Además, ante la adversidad, no le quedará otra opción. Quizá lo ha comprobado con dolor. Si usted ha sufrido pérdidas o caídas, sabe lo que es verse forzado a reinventar sus sueños. Acepte las circunstancias difíciles y véalas con entusiasmo. Son el reto a superar. Lo crea o no, le dan sentido a su presente.

Cuentan que uno de los más grandes exploradores del mundo se dedicó a viajar porque fue despreciado por una mujer con la que él quería vivir cómoda y establemente. Así que la vida le cerró esa puerta pero le abrió muchas otras.

El tercer paso, tiene que ver con su Padre celestial.

Lo que *él* desea para usted.

Algo bueno, agradable y perfecto.

Quiere que prosperemos. Que seamos felices.

¿Felices en medio de la tormenta?

Sí. Nuestros caminos no son los suyos y *él* permite situaciones que no entendemos para llevarnos a niveles más altos. Pero siempre, indefectiblemente, los planes que tiene para nosotros, son de bien y no de mal.

> **JER 29,11** **Yo sé los planes que tengo para ustedes, planes para su bienestar y no para su mal, a fin de darles un futuro lleno de esperanza. Yo, el Señor, lo afirmo. (DHH)**

Qué pasaje más bello, ¿no le parece?

Vuelva a leerlo una y otra vez, hasta que lo memorice. Después salga de las sombras renovando su mente, reinventando sus sueños y *renaciendo*.

> **JN 3, 7** **No te extrañes de que te haya dicho: "Necesitan nacer de nuevo desde arriba".**

Nacer de nuevo significa *reiniciar*. Buscar otro sentido a la vida y a los problemas. Hallar en ellos la razón de volver a la lucha… En otras palabras: logre que su vida vuelva a ser emocionante.

En medio de los problemas, nazca otra vez.

Durante la colonización de un país africano a mediados del siglo antepasado, los invasores llegaban a poblados y mataban a toda la gente. Algunos nativos lograban huir, pero caían en profundas cavernas. Ahí morían. Sólo se salvaban quienes podían ver más allá de las sombras y descubrían que había otras personas en la caverna con el mismo problema que ellos; entonces se organizaban, hacían equipo, compartían recursos y cavaban escalinatas para salir. Si querían sobrevivir precisaban reinventarse, *tomando en cuenta a los demás.*

Atrévase a mirar en la penumbra y descubra a las personas que se han estancado ahí; con usted, cerca de usted. Ahora, organícelas y salga del hoyo con ellas.

Viva este principio.

La adversidad nos hace una invitación directa a renovar nuestra mente, replantear nuestros objetivos, y renacer al servicio.

Ahora comprenda:

No necesita sufrir tragedias para renovarse.

Usted reinventa sus sueños al aceptar que, sin importar su edad o circunstancias, hará más y mejores cosas de las que ha hecho hasta ahora, borrando procesos ociosos, modificando hábitos nocivos y recomenzando.

Como en una computadora.

Cuando la reiniciamos, limpiamos su memoria Ram; los programas que habían caído en ciclos causando pesadez se interrumpen para empezar en orden. Lo importante al "resetear" es que no se borra el sistema operativo. Los conocimientos están ahí, listos para una nueva etapa.

Debemos hacer lo mismo con la mente. Reiniciarla de vez en cuando.

La Biblia define a Dios como una presencia personal con la cual podemos relacionarnos directamente. Quien se une a esa presencia, siguiendo este concepto, es una nueva criatura y todo en su vida adquiere otro sentido.

> 2 COR 5,17 **De modo que si alguno está en Cristo, nueva criatura es; las cosas viejas pasaron; he aquí todas son hechas nuevas.** (RV)

Millones de libros, conferencias y artículos se refieren a dos palabras como la solución a todos los problemas. *Vida nueva.* Tal vez relacione estos vocablos con alguna religión. No lo haga. Conforman un concepto aplicable a personas de cualquier credo y edad. A usted y a mí.

Para salir de la crisis es preciso tomar decisiones serias y profundas. Todas convergen al mismo resultado: Tener una vida nueva. Estudiar los principios equivale a eso. A renovar objetivos y volver a la vida emocionante.

Debemos reinventarnos.

Ese es nuestro reto continuo.

Mejor hacerlo de forma voluntaria, antes de pasar por grandes sufrimientos.

Así, tal vez los evitemos.

En el sepelio de Tony no hubo alaridos o llanto desesperado.

Las personas estuvieron serias, pero tranquilas. Cuando iban bajando el féretro, Iris levantó la voz y pidió a los familiares que miraran al cielo, pues era ahí donde estaba su pequeño. Entonces Miguel, y un grupo de amigos entonaron cantos de esperanza. Mientras alguien hacía una oración, Ruth cerró los ojos y percibió de nuevo ese hálito difícil de explicar. *Fortaleza y paz*.

Cuando todo terminó, Miguel e Iris se acercaron a José Chérez.

—Muchas gracias —dijo ella—. Mi hijo se llevó en el alma hermosos recuerdos de ese viaje que usted le dio. Gracias, sobre todo por su apoyo para la Fundación que emprenderemos.

Chérez asintió con una expresión de agotamiento. Podía percibirse que detrás de su aparente integridad, el líder escondía un gran dolor.

—Para mí es un placer ayudar...

—¿Por qué lo hace?

Dudó un segundo. Luego se dio cuenta de que entre personas como ellas no tenía nada que ocultar. Así que confesó.

—Le doy a la gente todo lo que quisiera darle a mi hijo Jack.

Iris lo miró con ternura. Ruth le había contado sobre el hijo desaparecido del empresario.

—No se preocupe —lo animó—. Jack regresará algún día.

Chérez no pudo evitar que le brotara una lágrima. Se la limpió. Iris lo abrazó. Después Miguel.

Salieron despacio del cementerio.

PRINCIPIO 12
Pedir el visto bueno de papá

Dios puede abrirnos puertas que nadie puede cerrar, para que eso suceda, precisamos aprender a depender de *él*, pedirle sin egoísmo, *como a un padre*, y actuar conforme a sus principios.

---

osé Chérez detestaba la mentira, los chismes, la envidia o las majaderías, y Jack era mentiroso, chismoso, envidioso y majadero. Por eso decidió irse. Nadie lo corrió. Simplemente se fue. Estaba harto de tanto perfeccionismo.

Vivió en la calle.

En poco tiempo se involucró en vandalismo. Lo detuvieron y acabó en la cárcel. La vergüenza le impidió llamar a su papá. Cuando salió libre anduvo de vagabundo por varios años más. Un día decidió regresar.

Él no se esperaba el recibimiento.

Don José lo abrazó con mucha fuerza. Su madre lloró de alegría y su hermana, Nena, luego de darle una bofetada, sollozando, le pidió perdón.

La llegada del hijo menor a casa, después de tanto tiempo causó un alboroto.

Habían esperado el momento durante años.

Esa tarde, su padre lo invitó a ir de compras. Acudieron juntos a una enorme tienda de autoservicio. Jack necesitaba ropa y calzado, pero sobre todo necesitaba convivir a solas con su papá.

—Toma un carrito, hijo. Pon en él todo lo que desees. No te limites. Quiero que sepas que cuentas con mi apoyo y protección. Siempre ha sido así.

José Chérez iba con un nudo en la garganta. Casi no podía creer que su hijo amado hubiera vuelto. ¡Cómo lo había extrañado! Le dio otro abrazo antes de dejarlo que caminara por la enorme tienda para llenar su canasta de compras.

Después de un largo rato, Jack volvió a la caja con el carrito lleno. Su padre lo estaba esperando.

—¿Listo?

—Sí. Muchas gracias.

José Chérez sacó su tarjeta de crédito y se dispuso a pagar la cuenta, pero cuando la cajera comenzó a poner las cosas sobre la banda, se quedó pasmado.

—Alto… ¿Qué es todo esto, hijo?

—Tú me dijiste que podía tomar lo que quisiera, que no me limitara pues tú me apoyabas.

—¿Pero quieres que te compre un rifle de caza, y varios cuchillos?

—Tengo algunos enemigos, papá. Debo estar prevenido por si necesito defenderme o pelear en la calle.

—¿También deseas comprar libros de hechicería?

—No creo en eso, pero me gustaría aprender. Hay personas a las que quisiera hacerles unos pases de magia negra.

—Jack. Pusiste muchas botellas de licor en la canasta, cajas de cigarros, y… ¿Estás bromeando, verdad? ¿Todas estas revistas pornográficas?

—Bueno, papá, tengo mis aficiones.

—Hijo. ¿Dónde están las camisas, los pantalones y los zapatos que ibas a comprar?

—Cambié de idea. Me gusta la ropa que tengo. Es un poco vieja pero va con mi personalidad. ¡Date prisa! Paga pronto. Hay gente esperando en la fila…

Un padre siempre desea lo mejor para su hijo.

Cuando usted esté a solas, háblele al Ser Supremo como a un *papá*. Éste es un principio filosófico que sólo se encuentra en la Biblia. Si ya llegó hasta aquí dé el paso más importante.

Concéntrese y recuerde el amor incondicional de un buen padre capaz de hacer cualquier cosa por su hijo.

Si su papá no es el mejor ejemplo, piense en usted; en sus anhelos como papá o mamá.

Imagine a su hijo pequeño.

Imagine o recuerde la forma en que su corazón late de amor y compasión cuando ve sufrir a su hijo o lo oye pedirle algún favor. Entonces dese cuenta de que Dios lo ama a usted aún más. Diga: *Papito. Aquí estoy. Necesito tu ayuda.*

¿Le parece exagerado?

No lo es.

Él quiere que le hable así.

> ROM 8,15 Entonces no vuelvan al miedo; ustedes no recibieron un espíritu de esclavos, sino el espíritu propio de los hijos, que nos permite gritar: ¡Abba!, o sea: ¡Papá!", 16 El Espíritu asegura a nuestro espíritu que somos hijos de Dios. 17 Siendo hijos, son también herederos; la herencia de Dios será nuestra y la compartiremos con Cristo. Y si hemos sufrido con él, estaremos con él también en la Gloria.

Qué concepto más extraordinario ¿no le parece? Si seguimos los principios bíblicos *a profundidad*, recibiremos el privilegio de decirle a Dios, "papá" y heredar todo lo que él tiene…

Por eso podemos pedirle.

> MAT 7,7 Pidan y se les dará; busquen y hallarán; llamen y se les abrirá la puerta. // 9 ¿Acaso

alguno de ustedes daría a su hijo una piedra cuando le pide pan? ^{10} ¿O le daría una culebra cuando le pide un pescado? ^{11} Pues si ustedes, que son malos, saben dar cosas buenas a sus hijos, ¡con cuánta mayor razón el Padre de ustedes, que está en el Cielo, dará cosas buenas a los que se las pidan! (BL)

Nuestro Papá del cielo nos dará *cosas buenas*, si se las pedimos, pero somos necios y volvemos a resbalar.

Rogamos así.

Dios mío, tú sabes que paso por una etapa difícil. Mis jefes son explotadores. ¡Haz que les caiga un rayo! Deseo que la empresa quiebre y yo encuentre un mejor trabajo. Ah, y de paso, si puedes, por favor llévate pronto a mi suegra. Ella necesita descansar y yo también.

¿Absurdo?

Con las debidas proporciones solemos hacer lo mismo.

Nos parecemos a Jack.

Por ello, a pesar de todo nuestro esfuerzo en seguir los principios, *no recibimos lo que pedimos*. Nos hace falta el visto bueno. La firma de Papá.

SNT 4, 2 Desean algo y no lo consiguen. Matan y sienten envidia, y no pueden obtener lo que quieren. Riñen y se hacen la guerra. No tienen, porque no piden. ^{3}Y cuando piden, no reciben porque piden con malas intenciones, para satisfacer sus propias pasiones. (NVI)

¡Deseamos algo y no lo conseguimos, en primera instancia **porque ni siquiera lo pedimos**, y después, porque cuando al fin lo hacemos, nos mueve el egoísmo!

Es muy claro, mas como somos de cabeza dura ¿no habrá otro versículo que lo explique mejor?

> 1 JN 5, 14 Ésta es la confianza que tenemos al acercarnos a Dios: que si pedimos conforme a su voluntad, él nos oye. 15 Y si sabemos que Dios oye todas nuestras oraciones, podemos estar seguros de que ya tenemos lo que le hemos pedido. (NVI)

¿Qué tipo de crisis le agobia a usted?

—ECONÓMICA. ¿El dinero no le alcanza? ¿Las deudas le preocupan? ¿Se ha terminado sus ahorros?

—DE TRABAJO. ¿No tiene empleo?¿No logra el ascenso, la productividad o las metas necesarias?

—DE RELACIONES. ¿La gente no lo valora? ¿Ha sido víctima de injurias, ataques verbales, chismes o traiciones? ¿Siente soledad e incomprensión?

—DE SALUD. ¿Sufre una enfermedad? ¿Tiene dolor físico? ¿Necesita tratamientos, medicinas?

—DE PAREJA. ¿No ha tenido buenos resultados en el amor o en el sexo?

—DE FAMILIA. ¿Se ha enemistado con sus padres, hermanos o familiares? ¿Hay un ser amado que le preocupa?

Durante todo este libro hemos hablado de problemas y crisis.

Como estamos llegando a la conclusión, sería bueno definir por qué existe la adversidad.

No a todos les va a agradar.

Pero es así:

Los problemas que usted tiene, conllevan implícito un propósito esencial: *enseñarle a depender de Dios*.

Mientras usted no entienda esto, seguirá teniendo problemas.

Y cuando lo haya entendido, sus nuevos problemas esporádicos, fungirán como recordatorio.

Hagamos un resumen de los principios.

Léalos detenidamente.

Reflexione con cada uno de ellos desde su nueva perspectiva.

Hágalos realidad en su vida.

DE HUMILDAD

1. Crea.

Tener miedo es contrario a creer. Creer nos da paz, fortaleza y seguridad de que cuanto deseamos es verdad.

2. Busque Dirección.

Si desea tener mejores resultados *primero* acuda a la Fuente de Máxima Sabiduría, y *después* trabaje arduamente.

3. Ríndase.

Para recuperar el terreno perdido, doblegue su orgullo, reconozca y rectifique sus errores..

4. Acepte la realidad.

Para reconstruir lo destruido, controle su mente, acepte la realidad y hágase responsable de los daños que causó.

DE TRABAJO

5. Viva con pasión.

La pasión se compone de *sencillez y entrega*, sólo actuando con pasión podrá lograr metas extraordinarias.

6. Aproveche los ciclos de productividad.

Los acontecimientos son cíclicos. Para gozar de buenas cosechas, necesitará trabajar arduamente durante los tiempos de siembra.

7. Sea persistente.

Enfoque sus energías. Sólo con persistencia podrá entrar por la puerta estrecha y seguir el camino angosto que lleva a la conquista.

8. Expándase.

Incremente sus niveles de estrategia, planeación y estudio. Después, simplemente atrévase a más.

DE GENEROSIDAD

9. Dé fruto.

Aún en la adversidad, ocúpese de dar fruto. Existe para eso. Si lo hace recibirá una doble recompensa.

10. Sea amable.

Para recibir mayores beneficios, ame su trabajo, sirva a los demás con actitud amable y comparta generosamente sus ganancias.

11. Reinvéntese.

La adversidad lo invita a renacer, renovar su mente, reinventar sueños y replantear objetivos.

12. Pida el visto bueno de papá.

Dependa de Dios, pídale sin egoísmo y solicite su "sello de aprobación". Así, se le abrirán puertas que nadie podrá cerrar.

No haga lo que Jack.

Cuando eligió los artículos en la tienda de autoservicio, desafió a su padre. Y a pesar de que el señor Chérez lo amaba, se negó a pagar. No le compró nada.

—¿Pero por qué, papá? Tú dijiste que me darías lo que yo quisiera.

—Sí hijo, sin embargo no puedes pedirme algo que vaya en contra de mi naturaleza y convicciones.

—¿Entonces tu amor es condicionado?

—No. Yo te amo a pesar de que te fuiste por tantos años, de que estuviste en la cárcel, cometiste delitos y traicionaste mi confianza. Te amo sin condiciones, pero eso no significa que deba apoyarte en tus actos equivocados. Yo sé lo que te conviene y en efecto, quiero que conozcas mi esencia, mi forma de pensar. Entonces sabrás pedirme lo que te hace falta y todo será para tu beneficio…

—¿No me vas a comprar nada de lo que elegí?

—No.

—Y piensas comprarme lo que tú quieres, ¿verdad? ¡Vas a llenar mi carrito a tu manera!

—Tampoco. No voy a darte *nada más* de lo que ya tienes. *A menos* que me lo pidas. Necesito saber que te interesa mi ayuda y protección. Si eliges ignorarme, vivir lejos de mí, como si yo no existiera, te dejaré hacerlo; me cruzaré de brazos y te moverás con tus propios recursos. Ya sucedió una vez.

—Y me fue muy mal.

—Claro, porque renunciaste a todo lo que te corresponde. Eres mi hijo.

—¿Entonces, papá, si crees que sabes tanto por qué no me das lo que me hace falta sin que yo te lo pida, y asunto acabado?

—Porque no voy a imponerme sobre ti. Eso también es parte de mi naturaleza.

—A ver si entiendo. No vas a darme nada a menos que te lo pida, pero debo hacerlo conforme a tu voluntad.

El papá de Jack asintió, sonriendo.

—¿Y cómo voy a saber tu voluntad? Ni siquiera te conozco bien.

—Pues comienza a convivir más conmigo. Así me conocerás.

Conozcamos a Dios.

Este libro es sólo una probadita minúscula de todo lo que aún nos falta por descubrir.

Atrévase a vivir en un plano superior.

Tal vez usted es una persona emocional, profesional y socialmente madura, pero ha descuidado su aspecto espiritual.

Este final es un buen comienzo.

Quien sigue los principios bíblicos debe entender algo primordial: Hay cosas que por más que las deseemos jamás nos sucederán, pues están "atadas" en el plano espiritual.

Dios abre puertas que nadie puede cerrar y cierra puertas que nadie puede abrir. Aproveche la oportunidad. ¡Usted tiene demasiados proyectos en mente y necesita *puertas abiertas*!

Dios puede abrirnos puertas que nadie puede cerrar, para que eso suceda, precisamos aprender a depender de *él*, pedirle sin egoísmo, *como a un padre*, y actuar conforme a sus principios.

He aquí el pasaje final:

AP 3, 7 Esto dice el Santo, el Verdadero, el que tiene la llave de David, el que abre y nadie puede cerrar, el que cierra y nadie puede abrir: 8 Conozco tus obras. Mira que delante de ti he dejado abierta una puerta que nadie puede cerrar. Ya sé que tus fuerzas son pocas, pero has obedecido mi palabra y no has renegado de mi nombre.// 11 Vengo pronto. Aférrate a lo que tienes, para que nadie te quite la corona. (NVI)

Más claro, ni el agua.

A Jack le costó trabajo entenderlo.

Nena lo ayudó. Platicó con él por horas. Lo puso al tanto de todo lo que había pasado durante su ausencia. Las medallas que ganó y la forma en que perdió el piso. También le contó sobre los logros de la policlínica, sobre la Fundación de Miguel e Iris, y por último le narró con todo detalle la historia de Tony.

Hasta entonces reaccionó.

Jack aceptó acompañar a su hermana a la policlínica.

Llegó sucio y mal vestido.

Nadie lo juzgó.

Contra lo que Jack esperaba, recibió una gran bienvenida por parte de Ruth. Luego, Nena lo llevó al salón en el que estaban Iris y Miguel.

Entraron con entusiasmo.

—Les presento a mi hermano Jack. ¡Al fin volvió!

Iris se puso de pie y caminó hacia él con profunda atención.

—¡Jack! No lo puedo creer —llevó ambas manos a las mejillas del joven y lo miró de frente, con ternura—. Tú no sabes cómo ha sufrido tu padre durante estos años. Te quiere tanto que daría la vida por ti. Todo lo que ha creado, mira alrededor, es para ti. Eres su hijo amado. Entiéndelo.

El joven sintió un escalofrío.

Estaba intimidado, pero no bajó la vista. Iris hablaba con una fuerza que convencía.

—Gracias por decírmelo.

Entonces salió de la sala y fue a buscar a su padre para reconciliarse con él.

Hagamos lo mismo.

Aférrate a lo que tienes, para que nadie te quite la corona.

Aunque nuestras fuerzas sean pocas, si Dios ve que obedecemos sus principios, y nos aferramos a ellos, nos premiará.

A eso se refiere la corona, que por cierto, nadie podrá quitarnos.

CUARTA PARTE

Guía de estudio

La siguiente guía es útil para profundizar en el estudio de los principios.

Es conveniente la coordinación de un líder capaz de convocar a personas de cualquier edad, género o religión, interesadas en los doce principios bíblicos para ganar en la crisis.

El curso puede hacerse en ocho o doce sesiones.

Después de cada sesión, los participantes podrán reforzar sus conocimientos leyendo el capítulo correspondiente y contestando los cuestionarios que se dan en las siguientes páginas.

Es indispensable que todos los participantes tengan su propio libro.

Las preguntas e ilustraciones que se presentan en las guías de estudio han sido cuidadosamente diseñadas por el equipo psicopedagógico del Comité y conllevan la garantía de que todo estudiante que las resuelva logrará un aprovechamiento mayor.

Tal vez usted tiene los conocimientos y dones para impartir el curso. Tal vez también conoce personas deseosas de conocer la filosofía bíblica. De ser así, no lo dude. Invierta su tiempo y trabajo difundiendo estos principios. Sin ninguna duda será de gran satisfacción para usted y de gran utilidad para otros.

Vaya a la página www.principiosbiblicos.com en donde encontrará guías paso a paso de las charlas que puede impartir. También podrá descargar **gratuitamente** varios recursos didácticos que le serán de gran utilidad.

INTRODUCCIÓN

1. ¿Por qué es interesante volver a los principios fundamentales?

2. ¿Qué son los principios?

3. ¿Cómo se deducen los principios de la Biblia?

4. ¿Cuántos GRUPOS de principios hay sobre la crisis?

5. Explique los siguientes dibujos y conteste la pregunta de cada uno.

a. ¿Qué percepción tienen muchas personas sobre la crisis?

b. ¿Qué alternativas ideológicas existen?

Todo está mal... no hay salida... es el fin...

c. ¿Qué piensan muchos de nuestros amigos y conocidos?

d. ¿Si alguien ha robado un poquito, le tendríamos confianza? ¿Qué principio es éste y cómo se dedujo?

VOTA POR MI

e. ¿Por qué se rompió el mástil de Tagore?

f. ¿Podemos desafiar los principios?

¿Están listos, chiquitines?

¡Sí, querido profesooor!

g. ¿Qué significa aceptar la autoridad filosófica de la Biblia?

h. ¿Por qué se nos dice que la aventura será fascinante y debemos ir con entusiasmo?

PRINCIPIO 1
Creer

1. Mencione el *principio de creer*.

2. ¿Por qué no todos creen? Dé el sustento.

3. ¿Qué es creer, y lo contrario? Dé el sustento.

4. ¿Según los principios, por qué nos estamos secando?

5. ¿De dónde proviene la fe?

6. Explique los siguientes dibujos y conteste la pregunta de cada uno.

a. ¿Qué significa la frase de Iris "vamos a creer y a proceder conforme a lo que creemos que es verdad"?

b. Comparta alguna anécdota de cuando usted tuvo miedo.

c. Comparta alguna anécdota de cuando usted creyó.

No temas, cree solamente

d. ¿Qué significa "mis ovejas escuchan mi voz y me siguen"?

e. ¿La buena fortuna del creyente es un principio? ¿Por qué?

...paz ...ahhh...

f. ¿Cuál es el sustento bíblico que nos promete paz?

g. ¿De qué manera podemos ser fuertes, siendo débiles?

PRINCIPIO 2
Buscar dirección

1. ¿Cuál es el principio 2 y dé un ejemplo de cómo lo hemos infringido?

2. ¿Según los principios, por qué nos estamos secando?

3. ¿Por qué nuestros amigos pueden equivocarse al aconsejarnos?

4. Escriba algunos refranes populares respecto a Dios y explique por qué están equivocados.

5. Explique los siguientes dibujos y conteste la pregunta de cada uno.

a. ¿Por qué dijo Ruth que su vida era un "asco"?

b. ¿Qué consejo le dio Iris, y para qué?

c. ¿Por qué "pedir ayuda al Poder Superior" suele ser nuestro último recurso?

d. ¿Cómo es la Sabiduría de lo alto?

e. ¿Cómo actuamos cuando nos regimos por el ego?

f. ¿Qué le hace falta al concepto "esfuérzate y se valiente"?

primero esto

luego esto

g. ¿Cómo podemos acceder a la Sabiduría Infinita?

PRINCIPIO 3
Doblegar nuestro orgullo

1. ¿Cuál es el principio 3 y cómo se relaciona con el anterior?

2. ¿Cuáles son los pasos que debemos seguir para que nuestra tierra sea sanada?

3. Explique en qué consistió la recuperación moral de David.

4. ¿Qué promesa recibimos al aplicar este principio y por qué fuimos abandonados por un momento?

5. Explique los siguientes dibujos y conteste la pregunta de cada uno.

a. ¿Cómo se fue Sebastián a la ruina?

b. Describa los errores del rey David.

c. ¿Qué significa tener un corazón quebrantado?

e. Explique la frase "no prevalecerá ninguna arma contra ti".

d. ¿Para qué sirve reconocer los errores del pasado?

f. ¿Por qué le costó trabajo a Sebastián doblegarse?

PRINCIPIO 4
Aceptar la realidad

1. ¿Cuál es el principio 4, y qué pasos nos pide?

2 ¿De qué manera la sabiduría de los grupos de 12 pasos se alínea a los principios?

3. Investigue los 12 pasos de AA y la oración de Niebuhr.

4. ¿Por qué no debemos rebelarnos contra el tiempo presente? Dé el sustento.

5. ¿Qué descubrió el profeta Jeremías?

6. Explique los siguientes dibujos y conteste la pregunta de cada uno.

a. ¿Cuál fue la realidad de Sebastián?

b. ¿Qué argumentos usaba Sebastián para no aceptar la realidad?

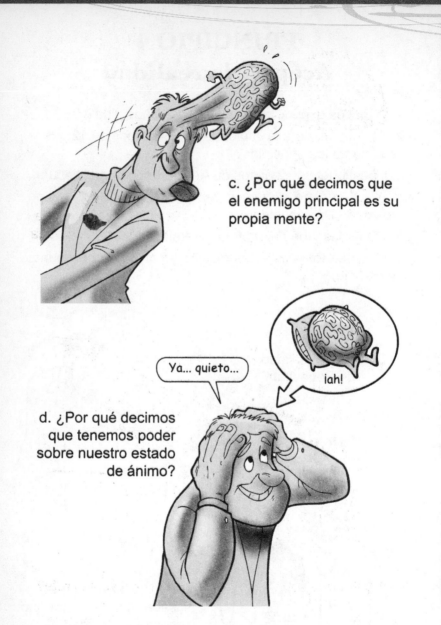

c. ¿Por qué decimos que el enemigo principal es su propia mente?

d. ¿Por qué decimos que tenemos poder sobre nuestro estado de ánimo?

e. ¿Cómo evitamos que la flama de un cerillo se haga incendio?

f. ¿Por qué son tan malos los rumores de catástrofe?

g. Desglose los 3 pasos del principio 4.

h. ¿Qué hizo Sebastián para recuperarse?

PRINCIPIO 5
Trabajar con pasión

1. ¿Cuál es el principio 5 y dé ejemplos de cómo se infringe?

2. ¿Cómo debe ser nuestra actitud en la vida? Dé el sustento.

3. ¿Cuál es el papel del currículum en una persona apasionada?

4. Realice el ejercicio de la página 70

5. Explique los siguientes dibujos y conteste la pregunta de cada uno.

a. ¿Cuál es la historia de Nena?

Por algo fui estrella. Me voy a gastar todo contigo...

b. ¿Por qué nos apoyamos tanto en el pasado para vivir?

c. ¿Qué aprendemos del ingeniero Luis?

d. ¿Qué ganamos al ser mansos y humildes de corazón?

e. ¿Cómo es la historia del príncipe que se enamoró?

f. ¿Por qué no es bueno sentarnos en el mejor lugar?

g. ¿Cuál fue el problema de Caruso?

h. ¿Qué aprendió Nena cuando se paró en una plataforma antigua?

PRINCIPIO 6
Ciclo productivo

1. Explique el principio 6.

2. ¿Cuáles son las áreas básicas de nuestra vida y cómo se comportan respecto a esta ley?

3. ¿Cuáles son las conductas equivocadas que tenemos en las partes bajas de los ciclos?

4. ¿Qué debemos hacer en las partes altas de los ciclos?

5. Explique los siguientes dibujos y conteste la pregunta de cada uno.

a. Relaté la fábula del hombre que heredó a sus hijos un terreno.

b. ¿Cuáles fueron las monedas que los hijos hallaron?

c. Explique el fenómeno de las vacas flacas y gordas.

¡Bah, para esto es el dinero!

d. ¿Por qué en momentos de crisis la gente gasta más?

e. ¿Qué hace la hormiga?

f. ¿Cómo inspiró Colón a su tripulación?

g. ¿Qué piensa la gente en crisis?

h. ¿Qué sucedió al final con los hermanos de la fábula?

PRINCIPIO 7
Ser persistente

1. Explique el principio 7 y su sustento.

2. Mencione un testimonio personal de cuando tuvo que pasar por la puerta estrecha y el beneficio posterior.

3. Qué es "dar la milla extra".

4. Investigue en Internet el texto de Albert Einstein sobre la crisis y transcríbalo.

5. Explique los siguientes dibujos y conteste la pregunta de cada uno.

a. Relate la historia de Teresa de Calcuta.

b. ¿Por qué se dice que vivimos desenfocados?

...no puedo mi amor, estoy ocupado en el trabajo...

c. ¿Qué hacemos cuando nos falta enfoque?

d. Relate la historia de los 4 patitos de Mary.

e. Qué significa la frase "manténganse, inconmovibles, progresando siempre".

f. ¿Qué dicen los principios respecto al trabajo?

g. Menciona las frases que se atribuyen a la Madre Teresa

PRINCIPIO 8
Expandirnos

1. Mencione el principio 8 y explíquelo.

2. ¿Cuál fue la diferencia entre los hermanos McDonald´s y Ray Kroc?

3. Explique los 3 pasos para expandirnos.

4. ¿Qué significa tener una raíz de amargura y cómo se quita?

5. Explique los siguientes dibujos y conteste la pregunta de cada uno.

a. ¿Cuál es el concepto de comida rápida, ideado por 2 hermanos?

b. Relate la disyuntiva de Jacob y Esaú.

c. Explique el viejo adagio
de *afilar el hacha*.

d. Cómo aplica a su
vida la frase "no te
limites, atrévete a
más, rompe todas tus
barreras"

e. ¿Que significa que no basta trabajar como topos ciegos?

f. ¿Cuándo recibimos la promesa de que nuestros hijos tendrán instrucción y bienestar?

PRINCIPIO 9
Producir fruto

1. Mencione el principio 9 y explíquelo.

2. "Por sus frutos los conoceréis". ¿Cómo se aplica esta frase a las personas?

3. Explique la parábola de los talentos.

4. Explique los siguientes dibujos y conteste la pregunta de cada uno.

a. Relate la llegada de Tony

b. Relate la historia de la higuera mezquina

c. ¿Para qué le sirve al árbol dar fruto?

d. ¿Qué es el fruto humano?

e. ¿Qué significa "nunca vuelva nadie a comer de tu fruto"?

f. ¿Qué significa "como no encuentro fruto voy a quitarles lo que les he dado"?

PRINCIPIO 10
Brindar beneficios a otros

1. Mencione el principio 10 y explíquelo.

2. ¿Por qué la amabilidad se cotiza alto?

3. ¿Cuales son los otros significados de las palabras sembrar y cosechar?

4. ¿Cómo funcionan nuestras finanzas diarias?

5. Explique los siguientes dibujos y conteste la pregunta de cada uno.

a. ¿Qué le sucedió a Tony, llegando del aeropuerto?

b. ¿Que significa "dar con el corazón alegre"?

c.¿Por qué se hunden cada vez más los que están en crisis?

d.¿Por qué una mujer vio que su esposo no le atraía más?

e. Relate cuando alguna vez tuvo que defender sus derechos.

e. Relate cuando
alguna vez tuvo
que defender sus
derechos.

f. ¿Qué significa "haga todo con amor?

PRINCIPIO 11
Reinventarnos para servir

1.Mencione el principio 11 y explíquelo.

2.¿Por qué se dice que sin adversidad no habría progreso?

3.Explique los tres pasos del concepto "renovar nuestra mente".

4.¿Cómo se asemeja al reinicio de una computadora con nuestras mentes después de la adversidad?

5. Explique los siguientes dibujos y conteste la pregunta de cada uno.

Señor, dale fuerza a mis padres para que puedan ayudar a otros niños a que sean tan felices como yo lo fui a su lado

a. ¿Qué ocurrió en el sepelio de Tony?

Mira quién habla...

¡Reinvéntate hijín!

b. ¿Qué significa "reinventarse"?

c. ¿Qué significa "no se amolden al mundo actual"?

Yo no te amo Marco Polo, vete lo más lejos posible...

d. ¿Qué puertas se cerraron y abrieron a un famoso explorador?

Sigo yo, ¿eh?

e. Relate lo que ocurrió en las cuevas de un remoto país.

f. ¿Qué es renacer sin importar la edad o circunstancias?

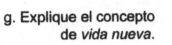

Me interesa

g. Explique el concepto de *vida nueva*.

h. ¿Qué pensaba José Chérez en el sepelio de Tony?

PRINCIPIO 12
Pedir el visto bueno de Papá

1. Mencione el principio 12 y explíquelo.

2. Describa cómo debe ser el amor perfecto de un padre a su hijo.

3. ¿Por qué no conseguimos lo que deseamos?

4. Haga un resumen de los principios.

5. Explique los siguientes dibujos y conteste la pregunta de cada uno.

a. ¿Por qué se fue Jack de su casa?

b. ¿Qué hizo el padre de Jack cuando su hijo volvió?

c. ¿Qué deseaba Jack?

¡Oh Dios de amor y de vida, elimina a este niño que me cae mal!

d. ¿Qué es "pedir bien"?

Dios lindo, perdona a Lupita y llénala de amor para que no me odie

e. ¿Qué sucede cuando pedimos conforme a la voluntad de *Papá*?

f. ¿Qué dijo el joven cuando su padre no le compró lo que eligió?

g. ¿Qué significa "cierra puertas que nadie puede cerrar y abre puertas que nadie puede abrir"?

h. ¿Qué entendió Jack al final?